Informationsbüro Nicaragua e.V. (Hrsg.)

Rum oder Gemüse?
Landwirtschaft in Kuba und Nicaragua zwischen Ernährungssouveränität, Kooperativen und Weltmarkt

mit Beiträgen von:
Alexandra Hespe, Andrés Schmidt, Angelica Alfaro, Anne Tittor,
Elfi Wernz, Ev Bischoff, Franzisca Stern, Ivette García Callava,
Julio Sanchez, Klaus Heß, Lisandra Palenzuela Ferrera, Ulla Sparrer

nahua script 16

D1672083

Diese Broschüre wurde mit finanzieller Unterstützung der Stiftung Umwelt und Entwicklung NRW erstellt. Der Herausgeber ist für den Inhalt allein verantwortlich.

© 2015 Informationsbüro Nicaragua e.V.

Originalausgabe
Herausgegeben vom Informationsbüro Nicaragua e.V.
Postfach 101320
42013 Wuppertal

Redaktion: Andrés Schmidt, Anne Tittor, Ev Bischoff, Klaus Heß,
Luz Kerkeling, Ulla Sparrer
Fotos: Anne Tittor, Elfi Wernz, Ev Bischoff, Franziska Stern, Kai Beutler,
Lothar Jessen, Sabine Beutert, Ulla Sparrer
Druck: Offset-Druckerei Figge, Wuppertal
Satz und Layout: Uwe Peter, Wuppertal

Stellungnahmen und Diskussionsbeiträge nehmen wir gerne unter
info@informationsbuero-nicaragua.org entgegen.

ISBN: 978-3-9814936-3-4

Inhalt

Redaktionsgruppe

Einleitung

Rum oder Gemüse?

Welche Aufgabe fällt der Landwirtschaft in einer Gesellschaft zu? Zweifellos soll sie erst einmal die Ernährung der Bevölkerung sichern. Sie bietet ferner einem Teil der Menschen ein Einkommen. Über die Erlöse aus dem Export von Agrarerzeugnissen können außerdem Handelsgüter aus dem Ausland erworben werden. Von großer Bedeutung ist aber auch das Wie der landwirtschaftlichen Produktion: In wessen Händen liegt das Land? Wird auf nachhaltige Weise produziert? Ist die Produktion ertragreich genug?

Kleinbäuerliche Landwirtschaft: Weder rückständig noch konservativ

Wie sich Landwirtschaft ausprägt, ist stets das Ergebnis historischer Entwicklungen und politischer Entscheidungen. Die Forderung nach »Land und Freiheit« war und ist Kern unzähliger sozialer Kämpfe. In den Ländern Nicaragua und Kuba war die Landwirtschaft stets das am schärfsten umkämpfte Terrain. Kleinbäuerliche und Landarbeiter*innenfamilien gehörten zu den am stärksten unterdrückten Bevölkerungsgruppen. Sie standen im Zentrum der Revolutionen in beiden Ländern. An den Veränderungen für die kleinbäuerlichen Familien wurde entsprechend auch der Erfolg politischer Entwicklungen gemessen. Sie bilden seit jeher einen zentralen Bezugspunkt der internationalen Solidaritätsbewegung.

2,6 Milliarden Menschen, fast 40% der Weltbevölkerung, leben von der Landwirtschaft, knapp die Hälfte der Menschheit lebt auf dem Lande. Kleinbäuerliche Familien produzieren den größten Teil aller Lebensmittel (in Asien und Afrika rund 80%) und bewirtschaften etwa 60% der weltweiten Ackerflächen, häufig schlechtere, nicht bewässerte Böden (Zukunftsstiftung Landwirtschaft 2013: 22).

In unserer langjährigen Öffentlichkeits- und Solidaritätsarbeit mit unseren Partner*innenorganisationen und sozialen Bewegungen in Nicaragua unterstützen wir die kleinbäuerliche Landwirtschaft von Kooperativen und Subsistenzproduzent*innen. Den Gegenpol bilden industrialisierte Monokulturen: Die schnell wachsende Agrospritproduktion auf Nicaraguas Zuckerrohrfeldern vernichtet Flächen zur Lebensmittelproduktion, sie zwingt Kleinbäuer*innen zur Betriebsaufgabe und treibt sie in die Abhängigkeit von schlecht bezahlten, gesundheitsschädlichen saisonalen Lohnarbeitsverhältnissen. Reichtum und Macht konzentrieren sich in den Händen Weniger.

Das Leitmodell der Vereinigung der Klein- und Mittelbäuer*innen Nicaraguas, der UNAG[1], sowie der Kooperativen im Dachverband FENACOOP[2] ist eine kleinbäuerliche Landwirtschaft, die auf nachhaltige Weise vor allem Nahrung für die lokale Bevölkerung produzieren soll. Selbstversorgung, lokaler und regionaler Handel sollen Vorrang vor Exporten und Welthandel haben. Zur Begründung wird auf den Umstand verwiesen, dass Hunger und Unterernährung hauptsächlich die Landbevölkerung treffen. In Kuba gewinnt die kleinbäuerliche Landwirtschaft im Zuge der Reduzierung der großen Staatsbetriebe und dem Ausbau ökologischer Anbaumethoden an Bedeutung und hat in den kleinbäuerlichen Verbänden ANAP[3] und ACPA[4] bedeutende Interessenvertretungen.

Diese Perspektive deckt sich mit den Empfehlungen internationaler Organisationen, die im Konzept der Ernährungssouveränität einen entscheidenden Beitrag zum Schutz des Weltklimas sehen und starke Argumente für deren Ausbau vortragen (siehe Kasten, Seite 11).

In diesem Kontext stellen sich folgende Fragen:

---

1   UNAG: span.: Union nacional de agricultores y ganaderos
2   FENACOOP: span.: Federación nacional de cooperativas
3   ANAP: span.: Asociación Nacional de Agricultores Pequeños – dt.: Nationale Assoziation der Kleinbäuer*innen
4   ACPA: span.: Asociación Cubana de Producción Animal – dt.: Kubanische Assoziation zur Viehproduktion

a) Innerhalb welcher Rahmenbedingungen bewegt sich die Forderung nach Ernährungssouveränität in den Ländern Kuba und Nicaragua?

b) Welche Abwägungen spielen für die Agrarpolitik der Regierungen eine Rolle?

c) In welchem Verhältnis steht die kleinbäuerliche Landwirtschaft zu der Notwendigkeit, über Agrarexporte Devisen zu beschaffen?

Kuba und Nicaragua – Ähnlichkeiten und Unterschiede

Die Ausgangsbedingungen in Kuba und Nicaragua sind vergleichbar: in beiden Ländern hat eine erfolgreiche Revolution stattgefunden, die Diktatoren wurden 1959 (Batista in Kuba) bzw. 1979 (Somoza in Nicaragua) gestürzt. In beiden Ländern wurden Schlüsselsektoren wie die Banken, Energieversorgung und Teile der Agrarindustrie (Zuckerindustrie in Kuba, Baumwolle, Kaffee, Zucker in Nicaragua) verstaatlicht. Die Lebensmittelversorgung sowie das Bildungs- und Gesundheitswesen wurden stark ausgebaut, aber auch die bäuerlichen Produzent*innen durch Kredite, garantierte Abnahmepreise, Beratung und gute Infrastruktur unterstützt. Schnell springen aber auch die Verschiedenheiten ins Auge: Aus Nicaragua ist ein kapitalistisches, in den Weltmarkt eingebundenes Land geworden; die ehemaligen Staatsbetriebe sind wieder privatisiert und agieren am kapitalistischen Markt. Das Land ist wieder zur Ware geworden. Ausländische Investoren sind gern gesehen.

Auch in der Agrarreform verteiltes kleinbäuerliches und Kooperativenland wird wieder verkauft. Nicaragua hat in den letzten Jahren seine Nahrungsmittelproduktion deutlich gesteigert. Die Eigenversorgung der Bevölkerung erreicht im zentralamerikanischen Vergleich den höchsten Grad, Nahrungsmittel werden nach Zentralamerika und Venezuela exportiert. Dafür sorgen sowohl die Förderung privater kleinbäuerlicher Familien als auch die Produktion der Agrarindustrie.

Kuba ist ein sozialistisches Land mit einer stärkeren Industrialisierung, z.B. der staatlichen zuckerverarbeitenden Industrie, die als koloniales Produkt entstanden ist, in die Nachkriegsarbeitsteilung des COMECON[5] eingebunden war und jetzt auf der Suche nach Absatzmärkten ist. Kuba braucht Devisen, um die Lebensmittelimporte (70% der Nahrungsmittel) bezahlen zu können.

Ein Vergleich der staatlichen Agrarpolitik beider Länder und der Situation der Landwirtschaft bleibt aber trotzdem lohnenswert und ein Austausch angebracht, denn: In Kuba hat die Regierung seit der Auflösung des sozialis-

---

5   COMECON: ehemalige Wirtschaftsgemeinschaft des sozialistischen Ostblocks

tischen Staatenblocks erkannt, dass die Bevölkerung durch Staatsbetriebe alleine nicht mehr ernährt werden kann. Deshalb erhalten Kooperativen und Kleinbäuer*innen neue Möglichkeiten des Produzierens, der Mangel an importierten Maschinen, Pestiziden und Erdölprodukten wird aufgrund der Handelsblockade durch eine agrarökologische Landwirtschaft ausgeglichen und die kubanische kleinbäuerliche Organisation ANAP macht sich die Forderung nach Ernährungssouveränität zu eigen.

Hier entstehen neue, nicht-kapitalistische Akteur*innen mit Nutzungsrechten ohne verkaufbare Eigentumstitel und mit regulierten Vertriebsstrukturen. Auch in Nicaragua betreiben diese Akteursgruppen, die Kooperativen und bäuerlichen Vereinigungen, eine nachhaltige Landwirtschaft, widersetzen sich dem landgrabbing und fordern vom Staat die Unterstützung dafür. Indem sie eine solidarische Ökonomie entwickeln wollen, verteidigen sie nur die in den Jahren der Revolution gewonnenen Rechte und ihre Würde als Produzent*innen. Ihr Konzept der Ernährungssouveränität beinhaltet Landreformen, die Achtung der Rechte der Bäuer*innen und Landarbeiter*innen sowie das Menschenrecht auf Nahrung, die Ablehnung des Einsatzes von Gentechnik in der Landwirtschaft, den Schutz von Kleinbäuer*innen vor billigen Importen und soziale Gerechtigkeit.

Gleichzeitig sind Agrarexporte für die Nationalökonomien beider Länder von großer Bedeutung. Wie lässt sich die Forderung der Kleinbäuer*innen nach Ernährungssouveränität mit der Notwendigkeit der Devisenbeschaffung vereinbaren? Sind den ökologischen und Klimaschutz-Ambitionen einer Gesellschaft Grenzen gesetzt, wenn dies zu Lasten der Versorgung der Bevölkerung geht?

Eine weitere Gemeinsamkeit zwischen Kuba und Nicaragua ist, dass beide Länder in besonderem Maße vom Klimawandel betroffen sind. Hurrikans, Dürren und extreme Wetterereignisse bedeuten immer größere Herausforderungen für Landwirt*innen und Politik.

Eine »solidarische Untersuchung«

Das vorliegende Nahua-Script Nr. 16 ist das Ergebnis der Recherche einer 13-köpfigen Reisegruppe, die sich zusammensetzt aus Menschen, die schon jahrzehntelang emanzipatorische Prozesse in Mittelamerika und der Karibik begleitet und unterstützt haben: Student*innen, deren Ausbildungsschwerpunkt »Lateinamerika« ist, Gewerkschafter*innen, auch aus der Nahrungsmittelindustrie, Wissenschaftler*innen und globalisierungskritische

Aktivist*innen sowie Beteiligte an Modellen solidarischer Landwirtschaft. Unser Ziel ist, im Sinne einer »Investigación solidaria e intercambio« Öffentlichkeitsarbeit in Deutschland zu betreiben, um damit Menschen und Organisationen aus dem Süden eine Stimme zu geben. Dabei interessieren uns die folgenden Fragen:

a) Gibt es angesichts der jeweils besonderen Geschichte Kubas und Nicaraguas emanzipatorische Ansätze in beiden Ländern, die die Ernährungssouveränität der Bevölkerung gewährleisten? Welches Verständnis von Ernährungssouveränität herrscht vor? Welche Rolle spielt sie für die Regierungen? Welche Aufgaben stellen sich für eine urbane und suburbane Nahrungsmittelproduktion?

b) Welche Rolle spielen nachhaltige und zukunftsfähige Anbauweisen in kleinbäuerlichen Strukturen und in den Kooperativen?

c) Wie ist das Verhältnis zwischen staatlichen, genossenschaftlichen und privaten bäuerlichen Betrieben?

d) Wie können Kooperativen zu Keimformen für demokratischere, nachhaltigere Produktionsformen werden, und wie können sich solidarische Austauschformen zu anderen Produzent*innen und zu Konsument*innen auch in kapitalistischen Gesellschaften entwickeln?

e) Welche Rolle spielt der Welthandel für die Landwirtschaft? Gibt es unabwendbare Zwänge in Anbetracht der Globalisierung, die landwirtschaftliche Produktion auf den Weltmarkt auszurichten? Welchen Einfluss hat Freihandel auf die soziale und wirtschaftliche Situation unserer Gesprächspartner*innen und die Landwirtschaft?

f) Wie schätzen unsere Gesprächspartner*innen die Landwirtschaftspolitik ihres Landes ein, und welche Veränderungen der Strukturen wünschen sie sich?

Unsere Fragen und die erzielten Antworten spiegeln den Aufbau dieses Sammelbandes. Das Nahua Script 16 ist wie die Gesamtreihe dem Austausch und der Begegnung verpflichtet. Hierbei schöpfen wir aus dem langjährigen Austausch mit den Partner*innenorganisationen des Informationsbüro Nicaragua, ohne den die Konzeption und die Vorbereitung für die einmonatige agrarpolitische Reise nach Nicaragua und Kuba nicht hätte entstehen können. Zahlreiche Gespräche vor Ort wurden gemeinsam vorbereitet, durchgeführt und ausgewertet. Eine Liste der Gesprächspartner*innen findet sich im Anhang. Einen produktiven Austausch gab es nicht nur mit den

Gesprächspartner*innen in Nicaragua und Kuba, sondern auch innerhalb der Gruppe, die bezogen auf ihre Hintergründe sowie auch altersgemäß sehr heterogen war. Mit der geplanten Übersetzung auf Spanisch hoffen wir alle unsere Gesprächspartner*innen zu erreichen, um auch eine Basis für ihr feedback zu finden.

Wir freuen uns auch über ein feedback unserer Leser*innen und stellen dafür einen Raum auf der Homepage des Informationsbüro Nicaragua zur Verfügung: www.infobuero-nicaragua.org

Wuppertal, im Juni 2015

Die Redaktionsgruppe der Rundreise

Rum oder Gemüse? Der Film zum Buch: 45 Minuten,
Infos über www.informationsbuero-nicaragua.org

Ernährungssouveränität

Zwei Drittel der hungernden Menschen der Welt leben in ländlichen Regionen, die jedoch von der staatlichen Entwicklungszusammenarbeit und internationalen Institutionen wie der Weltbank kaum berücksichtigt werden. Dennoch wird weltweit die meiste Nahrung von rund einer Milliarde Kleinbäuer*innen, Kleinfischer*innen sowie Viehhirt*innen produziert. Daher muss jedes Konzept zur nachhaltigen Sicherung der Welternährung besonderes Augenmerk auf diese Kleinproduzent*innen richten.

Ernährungssouveränität bezeichnet nach dem Verständnis ihrer Befürworter*innen das Recht aller Gesellschaften, Bevölkerungsgruppen, Länder und Ländergruppen, ihre Landwirtschafts- und Ernährungspolitik selbst zu definieren. Der Begriff wurde anlässlich der Welternährungskonferenz 1996 vom weltweit agierenden kleinbäuerlichen Bewegungsnetzwerk Via Campesina geprägt. Es handelt sich nicht um einen wissenschaftlichen Fachbegriff, sondern um ein politisches Konzept. Beides ist jedoch – wie wir in diesem Band sehen werden – heftig umstritten.

Das Ende des industriellen Produktivismus

Ein Paradigmenwechsel ist nötig: Kleinbäuerliche, arbeitsintensivere und auf Vielfalt ausgerichtete Strukturen sind die Garanten und Hoffnungsträger einer sozial, wirtschaftlich und ökologisch nachhaltigen Lebensmittelversorgung durch hinlänglich widerstandsfähige Anbau- und Verteilsysteme. Produktivitätssteigerungen sind durch Forschung zu lokal angepasster Technologie ohne Probleme möglich (vgl. zu Löwenstein 2011).

Nach Aussage von Via Campesina ist die industrielle Landwirtschaft der größte Verursacher der globalen Erwärmung und des Klimawandels. Als Gründe werden genannt:

1. der weltweite Transport von Lebensmitteln
2. die aufgezwungenen industriellen Produktionsweisen (Mechanisierung, Intensivierung, Agrochemie, Monokulturen usw.)

3. die Zerstörung der Biodiversität, wodurch nur noch in verringertem Umfang CO2 gebunden werden kann
4. die Verwandlung von Wald, Weiden und kultiviertem Land in Industriekomplexe, Infrastrukturprojekte, Einkaufszentren und Tourismusressorts
5. die Transformation der Landwirtschaft von einem Energieerzeuger zu einem Energieverbraucher (vgl. Via Campesina 2009)

Die Internationale Kommission zum Klimawandel IPCC[6] sieht das ähnlich: Die Landwirtschaft ist unmittelbar für 31% des weltweiten Treibhausgas-Ausstoßes verantwortlich, plus 9% mittelbar durch Nahrungszubereitung und Entsorgung. Kleinproduzent*innen können durch ihre Arbeitsweise das zu erwartende Ausmaß des Klimawandels verringern:

1. Wenn sie die Verluste an Humuserde durch organischen Anbau zurückbilden, können sie die Bodenfruchtbarkeit verbessern und 30% der gegenwärtigen CO2-Steigerungen binden.
2. Wenn sie die Konzentration der Tierfleischproduktion zugunsten einer Diversifizierung in Kombination mit Pflanzenanbau zurücknehmen, kann die Transportkette verringert, Kühlhäuser vermieden und die Methanproduktion von Kühen, Schafen und Ziegen durch natürlichere Ernährung abgebaut werden. 5-9% der globalen Emissionen können vermieden werden.
3. Wenn die Lebensmittel auf lokalen Märkten verkauft werden und die Bevölkerung Zugang zu frischen Nahrungsmitteln hat, können Verpackung, Kühlkette und Transport abgebaut werden. 10-12% der globalen Emissionen können vermieden werden.
4. Wenn landgrabbing und Entwaldung durch diversifizierten Anbau in forstökologischen Strukturen, durch den Nutzungsstopp von Pflanzen für andere Zwecke als für Lebensmittel und durch dezentrale Formen der Energieerzeugung gestoppt werden, können 15-18% der globalen Emissionen vermieden werden (vgl. Via Campesina 2009: 13ff, vgl. Zukunftsstiftung Landwirtschaft 2013: 34).

6   IPCC: engl.: Intergovernmental Panel on Climate Change – www.ipcc.ch

Literatur:

Via Campesina (2009): Small Scale Sustainable Farmers Are Cooling Down The Earth. Via Campesina Views, Jakarta.

Zu Löwenstein, Felix (2011): Food crash – Wir werden uns ökologisch ernähren oder gar nicht mehr, Pattloch.

Zukunftsstiftung Landwirtschaft (Hg.) (2013): Wege aus der Hungerkrise – Die Erkenntnisse und Folgen des Weltagrarberichts, Berlin.

Nahua

Die Nahuas sind eine indigene mesomerikanische Gruppe, deren Bevölkerungsmehrheit im Zentrum und in einigen nördlichen Gebieten Mexikos lebt sowie in Teilen der mexikanischen Pazifikküste, in Guatemala, El Salvador, Nicaragua, Costa Rica und Panamá. Die Sprache Nahuatl macht die Besonderheit der Gruppe aus.

Wie bei allen mesoamerikanischen Gruppen charakterisiert sich auch diese durch ihre eigene Schrift und ihren Bücherreichtum, der in seiner großen Mehrheit von den Kolonialherren im XVI. Jahrhundert verbrannt wurde. Manche dieser Bücher überlebten, da sie aufgrund ihrer Wichtigkeit für die Gesellschaft durch die Bevölkerung besonders beschützt wurden. Unter den indigenen Gruppen ist das Land, die Gemeinschaft und die Kollektivität das Rückgrat ihrer Kultur und ihres Widerstandes, ebenso wie auch die Kommunikation und der Dialog.

Mit der Herausgabe der *nahua scripte* möchten wir den Kollektivgedanken aufgreifen mit dem Ziel, die Kommunikation, den Dialog und die Solidarität zwischen den Kulturen zu bewahren.

Anne Tittor

Zur Rolle des Staates in der Agrarpolitik von Kuba und Nicaragua

Im Vergleich zu den Ländern, in denen seit Jahrzehnten der Rückzug des Staates aus vielen Wirtschaftsbereichen vorangetrieben wird und wesentliche Aspekte der Versorgung dem Markt überantwortet werden, ist der Staat in Kuba und Nicaragua in vielen Bereichen der Agrarpolitik sehr präsent. Die Aktivitäten stehen dabei in beiden Ländern auf den ersten Blick im Widerspruch: Einerseits werden große Flächen des Landes für den Anbau von Monokulturen verwendet, in Kuba vor allem Zuckerrohr, in Nicaragua Zuckerrohr und zunehmend auch Palmöl. Große Betriebe bewirtschaften riesige Flächen und es wird in Kauf genommen, dass gute Böden nicht (mehr) der Nahrungsmittelproduktion zur Verfügung stehen, sowie Arbeiter*innen für niedrige Löhne und mit erheblichen Gesundheitsrisiken schwere Tätigkeiten verrichten. Zudem führt dies in Nicaragua dazu, dass Kleinbäuer*innen enteignet und vertrieben werden und Wasser noch knapper wird. Andererseits fördert der Staat kleinbäuerliche Landwirtschaft und versucht sie zu steuern, indem er wie in Kuba ein Saatgut- und Tierzuchtmonopol inne hat, sowie in beiden Ländern Kooperativen unterstützt. Zudem tritt der Staat – mit ambivalenten Folgen – als Großabnehmer der Produkte auf, regelt ihre Preise und übernimmt oder fördert die Vermarktung. Darüber hinaus trägt er in Nicaragua durch die Programme bono productivo alimentario (dt.: Produktiver Ernährungsbeitrag) bzw. hambre cero (dt.: Null Hunger) dazu bei, dass die ärmsten Familien Hüh-

15

Rohbau eines Kuhstalles auf der Finca Marta, westlich von Havanna

ner, Schweine und Kühe erhalten und damit ihre Ernährungssituation verbessern können. In Kuba organisiert der Staat Landverpachtungen zur Subsistenzproduktion von Nahrungsmitteln und die Lebensmittelzuteilungen im Rahmen der so genannten libreta, eines Gutscheinheftes, damit Grundnahrungsmittel für die Bevölkerung allgemein zugänglich sind.

Der vorliegende Beitrag versucht die vielschichtige Rolle des Staates im Agrarsektor beider Länder auszuloten und abschließend eine Einschätzung zu den Gründen dieser Widersprüchlichkeit zu geben. Dabei lässt er zahlreiche Menschen zu Wort kommen, die wir auf unserer agrarpolitischen Rundreise durch Kuba und Nicaragua im Dezember 2014 und Januar 2015 getroffen haben und gibt damit den Leser*innen Gelegenheit, deren Perspektive auf die Vergangenheit und Gegenwart der jeweiligen Länder kennenzulernen. Ergänzend dazu wurde auf wissenschaftliche Literatur zurückgegriffen.

1. Landverteilung und Agrarwirtschaft vor der Revolution

Die Grundstruktur der Landverteilung und die Hauptanbauprodukte beider Länder sind nicht zu verstehen, ohne einen kurzen Blick auf ihre Geschichte seit der Eroberung zu werfen, die bis heute ihre Spuren hinterlässt.

Kuba: Großgrundbesitz in Form von Zuckerplantagen

Für Kuba ist die Prägung durch die Kolonialzeit immer noch sehr sichtbar: »Nach der Eroberung durch die Spanier wurde das Land an die Eroberer verteilt und es wurden große Landgüter, haciendas, gegründet. So ist die ursprüngliche Flora verloren gegangen und Plantagenwirtschaft prägte das Land. Eine Million Sklav*innen wurden aus Afrika verschleppt, die zur Arbeit auf den großen Zuckerplantagen gezwungen wurden und selbst kein Land besaßen, das sie bestellen konnten. Zu Beginn des 20. Jahrhunderts waren 72% der bebauten Flächen mit Zuckerrohr bepflanzt oder wurden als Weideland genutzt. 80-85% der Nahrungsmittel wurden importiert. Als die Republik gegründet wurde, besaßen die USA einen Großteil der Zuckerplantagen und des Weidelandes. Bis zur kubanischen Revolution 1959 war Entwaldung und Übernutzung ein Hauptcharakteristikum der kubanischen Landwirtschaft«, so erklären uns Vilda Figuero und Jose »Pepe« Lama, die ein Projekt zur Konservierung von Lebensmitteln ins Leben gerufen haben, die Grundstrukturen der kubanischen Landwirtschaft (Gespräch vom 8.1.2015).

Die Landwirtschaft war nicht nur vorrangig auf Zuckerexport ausgerichtet, sondern auch von einer hohen Bodenkonzentration gekennzeichnet: 1959 waren 75% des Landes in Händen von nur 8% der Bevölkerung, wie im Revolutionsmuseum von Havanna zu lesen ist. Beide Faktoren führten dazu, dass sich eine hohe Importabhängigkeit im Lebensmittelbereich herausbildete: 47% des Kalorienverbrauchs und 53% des Eiweißverbrauchs wurden in den 1950er Jahren importiert – zu etwa zwei Dritteln aus den USA (Nova 2013: 2f). Die Lebensbedingungen auf dem Land waren vor 1959 äußerst schlecht. Studien von 1956 und 1957 belegen weitverbreitete Unter- und Mangelernährung. Die Landarbeiter*innen in Kuba wogen im Durchschnitt 8 kg weniger als der Landesdurchschnitt, nur 4% konnte sich regelmäßig Fleisch, 1% Fisch, 2% Eier, 11% Milch und 3% Brot leisten – Hauptenergieträger sind Bohnen (Nova 2013: 1f.).

Nicaragua: Oligarchie versus Kleinbäuer*innen

Seit der Kolonisierung ist die Agrarstruktur Nicaraguas vom Konflikt zwischen der mächtigen Oligarchie mit großen Ländereien auf der einen Seite und einer größer werdenden Gruppe der Landbevölkerung bestehend aus Kleinbäuer*innen, Landlosen und Landarbeiter*innen gekennzeichnet. Dieser Konflikt ist ein Erbe der Kolonialzeit, in der die Spanier*innen das Recht hatten, ihren Reichtum auf der Ausbeutung der indigenen Arbeitskraft zu begründen. Mestiz*innen begannen nachfolgend durch Siedlungsprozesse neues Land zu besetzen und zu erschließen. Nach der Unabhängigkeit (1821) konnten die Oligarchie und die neuen herrschenden Klassen ihre Kontrolle nur durch den Landbesitz ausüben, zum Beispiel durch den Ausbau der Kaffeeplantagen und die Privatisierung von Land (vgl. Merlet/ Merlet 2010: 7f).

Der Grundkonflikt zwischen Oligarchie und Kleinbäuer*innen spitzte sich im Laufe der Jahre weiter zu: In den späten 1920er Jahren versuchte eine bäuerlich geprägte Bewegung unter Führung von Augusto César Sandino eine Umverteilung des Landes durch einen Aufstand zu erreichen, wurde aber mit einer Mischung aus Verhandlungstaktik, Repression und Ermordung der Anführer*innen niedergeschlagen. In den Jahren unter den repressiven Somoza-Regierungen (1937-1979) wurde die exportorientierte Plantagenwirtschaft ausgebaut und Großgrundbesitzer profitierten vom Verkauf der Produkte, insbesondere Baumwolle, Zuckerrohr, Kaffee und Rinderzucht (vgl. Merlet/ Merlet 2010: 7f). Die Somoza-Familie selbst war dabei der größte Landbesitzer und wichtigster Investor. Die Oligarchie war eng mit zwei Banken (Banco de Nicaragua und Banco de America) verwoben, welchen durch die neuen Agrarprodukte etwa 20% des Bruttoinlandsproduktes gehörten und die das Somoza-Regime aktiv stützten (vgl. Barry 1987: 63).

Nicaragua	Kultiviertes Land	Kaffee	Zucker	Baumwolle	Pro Kopf Land für Subsistenz
1950	769.000 ha	56.000 ha	0 ha	17.000 ha	0,630 ha
1979	1511.000 ha	85.000 ha	41.000 ha	174.000 ha	0,440 ha

(vgl. Barry 1987: 7 auf Grundlage einer Studie der FAO vom Juni 1984)

Die Flächen für die neuen Exportprodukte und mit ihnen die Gewinne der Oligarchie wurden kontinuierlich ausgeweitet. Auf den besten Böden wurde ausschließlich für den Export produziert. Insbesondere im Westen des Landes führte dies zu einer weiteren Polarisierung der Agrarstruktur. Die landlosen Bäuer*innen migrierten in Richtung der zentralen und östlichen Wälder und versuchten so, durch die Verschiebung der Agrargrenze (d.h. Abholzung des Regenwalds und Anbau von Grundnahrungsmitteln in Subsistenzproduktion) zu überleben. Dies waren jedoch kaum erschlossene Regionen mit schlechteren Böden und wenig Infrastruktur (vgl. Bert 2012: 198).

Vor 1979 war 80% des Landes in der Hand von Großgrundbesitzern, betonen auch die Aktivist*innen der Kommunalen Bewegung Matagalpa MCM[1]. Allerdings entfielen auf die Großgrundbesitzer »nur« ein Anteil von 36% der landwirtschaftlich genutzten Fläche, auf die Mittelbäuer*innen 46% und die Kleinbäuer*innen 18% (vgl. Heß 1995: 19). Das heißt im Umkehrschluss, dass große Flächen der Großgrundbesitzer nicht für die Landwirtschaft genutzt wurden – und das in einer Situation, in der ein Großteil der Landbevölkerung als unterernährt galt. Eine Studie des Instituts für Ernährung in Zentralamerika und Panama INCAP[2] kam 1969 zu dem Ergebnis, es fehle der Landbevölkerung an Eiern, Fleisch, Gemüse, Bohnen und Früchten. 75% der Landbevölkerung nahm nicht die durchschnittlich benötigte Kalorienmenge zu sich; darunter insbesondere Kleinkinder, denen es an wichtigen Vitaminen und Nährstoffen fehlte. US-AID schätzte, dass 1976 landesweit etwa 70% der Kinder unterernährt waren (vgl. Bert 2012: 198). Trotz eines durchschnittlichen Wirtschaftswachstums von 5,2% jährlich in den 1950er Jahren und von 6,9% in den 1960er Jahren war die Lebenssituation für die Landbevölkerung fatal (vgl. Kinloch Tijero 2012: 316).

2. Grundzüge der Landreformen im Zuge der Revolutionen

In beiden Ländern war die Landreform eine zentrale Säule der Revolution, die – trotz aller Probleme und Widersprüchlichkeiten – den Zugang zu Land für die Mehrheit der ruralen Bevölkerung ermöglichte. In beiden Ländern wurden zu einem späteren Zeitpunkt Kooperativen als organisatorische Säule der Landreform entdeckt.

Kuba: Ausbau des Zuckerexports trotz Landreformen

Im Mai 1959 trat in Kuba das Agrarreformgesetz in Kraft, das den Landbesitz auf 402 ha pro (juristische und natürliche) Person begrenzte. 100.000 Familien auf dem Land erhielten im Zuge der Reform kostenlos Land – so steht es im Museo de la Revolución in Havana. Doch in der zweiten Landreform kaufte der Staat große Teile des verteilten Landes wieder zurück und wandelte es in

---

1   MCM: span.: Movimiento Comunal Matagalpa
2   INCAP: span.: Instituto de Nutrición de Centro América y Panamá – www.incap.int

Stadtnahe Gärten in Alamar, Havanna

großflächige Staatsfarmen um, so dass etwa 70% der Landwirtschaft staatlich war; zugleich schuf diese zweite Landreform statt Kleinbäuer*innen v.a. lohnabhängige Landarbeiter*innen, die einen weniger intensiven Bezug zu landwirtschaftlichen Traditionen hatten. Da es jedoch nie eine Zwangskollektivierung gab, blieb rund 25% der Ländereien kleinbäuerlicher Privatbesitz (vgl. Burchardt 1999: 55).

Es wurde eine starke Mechanisierung der Landwirtschaft eingeleitet: stolz wurde gemeldet, dass 2.850 Erntemaschinen für Zuckerrohr, 12.728 Traktoren und 29.387 Anhänger in der Zuckerernte im Einsatz seien, wie im Revolutionsmuseum erläutert wird. Über feste Abnahmemengen des Zuckers seitens der Sowjetunion sowie Kredite von der UdSSR war diese Mechanisierung möglich.

Dennoch – oder gerade deshalb – setzte die Agrarpolitik in Kuba während der Revolution nicht auf eine stärkere Selbstversorgung. Im Gegenteil: Ende der 1980er Jahre wurden nur noch so wenig Lebensmittel auf der Insel produziert, dass damit 28% des Kalorienverbrauchs und 40% des Eiweißverbrauchs abgedeckt werden konnte (vgl. Nova 2013: 4). Nahrungsmittel wurden auch nur auf 44% der landwirtschaftlich genutzten Fläche angebaut

– 53% der Fläche hingegen wurden für Exportprodukte, allen voran Zucker, verwendet (vgl. Nova 2013:6). Im Grunde fand also ein Übergang vom (neo-) kolonialen in den staatlichen Großgrundbesitz bei gleichbleibender Exportorientierung statt. Parallel versuchte die Regierung Kooperativen zu etablieren (für Details vgl. den Beitrag von Lisandra Palenzuela Ferrera und Ivette García Callava in diesem Band).

Nicaragua: Landreform und der Ausbau des Kooperativensektors

Auch in Nicaragua war die Landreform eine der zentralen Säulen der Revolution:»Der Sieg der sandinistischen Revolution bedeutete eine Landreform zugunsten von Kleinbäuer*innen, es entstanden viele Staatsbetriebe und ein starker Kooperativensektor«, erinnern sich die Aktivist*innen vom Movimiento Comunal in Matagalpa.

Anteil der landwirtschaftlich genutzten Fläche in Nicaragua:			
	1978	1984	1989
Großgrundbesitzer*innen	36%	13%	6%
Mittelbäuer*innen	46%	43%	Zusammen 57%
Kleinbäuer*innen	18%	25%	
Kooperativen	0	0	24%
Staat (APP[3])	0	19%	13%

(Vgl. Hess 1995: 19)

Wie aus der Tabelle zu erkennen ist, sorgte die Landreform in Nicaragua dafür, dass die Großgrundbesitzer*innen erheblich an Gewicht verloren, aber nicht zu Gunsten der Mittel- und Kleinbäuer*innen, sondern zugunsten von Kooperativen und Staat (APP), die 1989 zusammengenommen 37% der landwirtschaftlich genutzten Fläche bewirtschaften.»Die Agrarreform, vor allem bis 1985, bevorzugte sehr stark kollektive Organisationsstrukturen bei der Landvergabe und respektierte nicht immer die Freiwilligkeit der Wahl der Organisationsformen« (Meyer 1995: 36). 1989 lebten rund eine halbe Million Menschen in Nicaragua in Agrarkooperativen, was damals 12,5% der Gesamtbevölkerung entsprach. Die starke Entwicklung von Kooperativen war ursprünglich im sandinistischen Modell gar nicht vorgesehen, sondern war mehr darauf ausgerichtet, in den Kriegszonen funktionierende soziale und

3   APP: span.: Área Propiedad del Pueblo – dt.: Eigentum der Bevölkerung

politische Strukturen aufzubauen, um die Revolution gegen die Contra zu verteidigen. Dies führte zur niedrigen Produktivität sowie einer Abhängigkeit von Technologie, Subventionen und Krediten. (Zur Geschichte der Kooperativen in Nicaragua vgl. den Beitrag von Klaus Heß/Alexandra Hespe in diesem Band).

3. Entwicklung der Landverteilung seit 1990

In beiden Ländern markiert das Jahr 1990 einen wesentlichen Bruch. In Nicaragua wurde die sandinistische Regierung abgewählt, in Kuba kollabierte durch den Zusammenbruch des sowjetisch geführten Ostblocks die gesamte Wirtschaft. Diese in Kuba »spezielle Periode« genannte Phase der tiefen Krise und teilweise auch des Hungers führte zu signifikanten Veränderungen im Agrarmodell.

Kuba: Einbruch der Nahrungsmittelproduktion und -versorgung nach 1990
Die landwirtschaftliche Produktion und mit ihr die Ernährungsgrundlage brach mit der Auflösung der Sowjetunion zusammen. Mit Ausnahmen von Bananen und Mais fiel die Produktion von 1989 bis 1994 massiv ab, bei vielen Produkten wie Reis, Tomaten, Zwiebeln und Früchten über 50% (vgl. Nova 2013: 8). In vielen Bereichen hat sie erst 2010 wieder das Niveau von 1989 erreichen können (vgl. Nova 2013: 15ff).

Vor 1989 konsumierten die Kubaner*innen täglich etwa 3.000 Kalorien und 90 Gramm Proteine, davon waren 45% tierisches Eiweiß. Zwei Jahre später nahmen sie durchschnittlich nur noch etwa 1800 Kalorien und 60 Gramm Eiweiß zu sich. Viele Kubaner*innen haben in dieser Zeit an Gewicht verloren, erinnern sich Vilda Figuero und Jose Lama (Gespräch vom 8.1.2015). Welchen tiefen Einschnitt 1990 für die kubanischen Landwirtschaft bedeutet, betont auch Emilio Gonzales, von der Kubanischen Vereinigung für Tierproduktion ACPA[4], einer Mischung aus NGO, Bauernverband und Weiterbildungsinstitut für Landwirtschaft: »Früher haben sich in Kuba ganze Gemeinden auf ein Produkt konzentriert. 1987 haben wir letztmals Maschinerie aus dem Ostblock erhalten. Also mussten wir von big scale weg, hin zu kleineren Einheiten kommen. So hat Kuba vor 1989 das Fleisch, das auf der Insel gegessen wurde, selbst produziert, lediglich etwas Rindfleisch wurde importiert. Allerdings wurde im

---

4   ACPA: span.: Asociación Cubana de Producción Animal – dt.: Kubanische Vereinigung der Tierproduzent*innen

großen Stil Tierfutter eingeführt, was zu einem Massensterben von Tieren nach 1989 führte« (Gespräch mit ACPA-Mitarbeiter*innen, 30.12.14). Die Zahl der Milchkühe beispielsweise halbierte sich nahezu von 1989 bis 1992 (vgl. Nova 2013:11) und hatte bis 2010 noch immer nicht die Anzahl von 1989 wieder erreicht. Der Staat versuchte wenigstens das »genetische Material für bessere Zeiten zu erhalten«. Nach der speziellen Periode kam es zu einer Umorientierung der Tierproduktion. »Die Produktion ist mittlerweile nachhaltiger, weil es sich nicht mehr um Intensivhaltung handelt. Jetzt wächst das Tierfutter am selben Ort, das ist besser für die Tiere und die Ökologie. Bei der Milchproduktion wird weiterhin zugefüttert, bei der Fleischproduktion verzichtet man darauf«, erläutern uns die Aktivist*innen von ACPA am 30.12.14 in Guantanamo.

Die Auflösung der Sowjetunion hat noch weitere Konsequenzen im Landwirtschaftsbereich: Der Anteil des Bodens, der schlicht nicht landwirtschaftlich bearbeitet wird, wächst massiv an. Denn bis heute – und hier liegt ein entscheidender Unterschied zu Nicaragua – liegt in Kuba mindestens etwa 50% des Bodens brach. Nach dem starken Einbruch der Nahrungsmittelproduktion in den 1990er Jahren zeichneten sich die 2000er Jahre durch starke Schwankungen der Produktionsmenge aus, wobei insgesamt das Niveau 2010 nicht wesentlich höher liegt als 2000 (vgl. Nova 2013: 18). Ein Grund dafür sind die häufigen Naturkatastrophen: Hurrikans, Überschwemmungen oder lange Dürren. 2008 gab es in nur zehn Tagen zwei Hurrikans. 700.000 Tonnen Nahrungsmittel gingen verloren, erinnern sich Vilda Figuero und Pepe Lama.

Die Ernährungssituation in Kuba hat sich im Vergleich zu den 1990er Jahren erheblich verbessert, seit 1999 übersteigt der tägliche Kalorienverbrauch in Kuba die Empfehlung von 2.400 Kalorien deutlich. Es besteht weiterhin eine sehr hohe Importabhängigkeit von Nahrungsmitteln und Tierfutter. Die starke Exportorientierung im Zuckerbereich ist ebenfalls ambivalent: Einst größter Zuckerexporteur weltweit ist Kuba mittlerweile zum Zuckerimporteur geworden – der kubanische Zucker ist als Rohprodukt auf dem Weltmarkt schlicht nicht konkurrenzfähig.

Nicaragua: Gegenreform im Landwirtschaftsbereich seit 1990

„Nach der Abwahl der sandinistischen Regierung 1990 standen die Kooperativen allein ohne staatliche Hilfen da. Generell herrschte Verunsicherung. Oft wurde auch nach der Revolution von 1979 erhaltenes Land verkauft. Unsere Kooperative in Miraflor wurde 1996 entgegen des Zeitgeists gegründet«, erläutert uns Deyling Romero, die Präsidentin der Frauenkooperative aus Miraflor (20.1.2015).»Insgesamt kam es zu einer umfangreichen Gegenreform«,

Managua, Nicaragua

so die Worte der Aktivist*innen des Movimiento Comunal aus Matagalpa, die zu einer breiten Spreizung des Landbesitzes und einer deutlichen Schwächung des Kooperativensektors führten: Von den 755.000 ha Land, die 1990 dem Staat gehörten, wurde 41% in den Folgejahren an die Vorbesitzer*innen zurückgegeben, 28% an ehemalige Kämpfer*innen verteilt, 22% an die Landbevölkerung und 9% an private Unternehmen (vgl. Kinloch Tijerino 2012: 343).

Die 1990er Jahre waren von Strukturanpassung und Außenöffnung geprägt. Die Zahl der unterernährten Menschen in Nicaragua lag 2003-2005 bei 1,2 Millionen Menschen, das entspricht 22% der Bevölkerung und liegt deutlich höher als der Vergleichswert von 8% für Lateinamerika und die Karibik (vgl. Schützhofer 2011). Der exportorientierte Sektor expandierte wieder, wobei dort mit hohem Technologieeinsatz (mit all den damit verbundenen gesundheitlichen, sozialen und ökologischen Kosten) hohe Gewinne erwirtschaftet wurden, während bei den Grundnahrungsmitteln eine geringe Produktivität herrschte (vgl. Solà Montserrat 2008: 125). Bei der Betrachtung der Flächennutzung in Nicaragua zeigt sich, dass 47% der Fläche Weideland,

14% Wald und 19% Brachland lediglich 16% für die Produktion von Grundnahrungsmitteln gegenüberstehen. Von diesen 16% werden 36% für die Produktion von Mais, 24% für Bohnen, 12% für Kaffee, 8% für Reis, 4% für Zuckerrohr, 4% für Sorghum und 3% für Erdnüsse genutzt (vgl. Solà Montserrat 2008: 123 auf Basis von FAOSTAT Daten von 2001). In der Pazifikregion wurde in den letzten zwei Jahrzehnten die Anbaufläche für Zuckerrohr stetig ausgeweitet und etwa 35.000 Zuckerrohrarbeiter*innen arbeiten auf den Plantagen. Hergestellt werden dort etwa 850.000 Liter Bioethanol v.a. für die USA und Europa. (vgl. auch den Beitrag von Klaus Heß in diesem Band).

Die Steigerung der landwirtschaftlichen Produktion beruhte auf der Verdoppelung der Agrarfläche von 5,3 Mio (1963) auf 11,5 Mio ha (2008) unter traditionellen Methoden der Brandrodung. Zugleich hat sich im Zeitraum von 1970 bis 2008 der Anteil der Landbevölkerung an der Gesamtbevölkerung stärker erhöht (mehr als verdoppelt), als die Produktivität der Tätigkeiten auf dem Land. Doch eine weitere Ausweitung der Agrarfläche ist nahezu unmöglich. Der Anteil des bebauten Landes in Nicaragua ist sogar leicht rückläufig: Er sank nach Weltbankangaben von 44,1% (2005) auf 42,1% (2012)[5]. Die Landverteilung in Nicaragua bleibt ungerecht: 70% der Erwerbsabhängigen besitzen gerade einmal 10% des bebauten Landes. 37% der wirtschaftlich Aktiven arbeitet in der Landwirtschaft und verdient 20% des Bruttosozialprodukts (Informationsbüro Nicaragua 2012). Nach Weltbankangaben ist die Armutsrate auf dem Land mit 63% (2009) viel höher als in der Stadt mit 27% (2009)[6].

Allerdings gibt es große regionale Unterschiede, was die Landverteilung anbelangt: In der Region um Matagalpa beispielsweise ist 37% der Bevölkerung ohne Landbesitz – die Menschen pachten entweder ein wenig Land oder arbeiten als Wanderarbeiter*innen. Es gibt eine Tendenz zu Landgrabbing: der gesamte Kaffeeanbau ist in den Händen von nur acht Familien. Im Nachbarort Dalia gibt es nur 28 Grundbesitzer*innen. Ferner gibt es in der Region Landaufkäufe von Unternehmen aus El Salvador sowie einen großen Landkauf zum Sorghum-Anbau seitens des international tätigen Konzerns Cargill. Darüber hinaus nehmen Bergbauaktivitäten und Ölpalmenanbau zu (Gespräch mit Vertreter*innen des Movimiento Comunal Matagalpa 17.1.2015). In Miraflor (Provinz Estelí) hingegen liegen nur 10% der Ländereien in der Hand von

---

5   http://data.worldbank.org/indicator/AG.LND.AGRI.ZS/countries/NI?display=graph, Zugriff: 6.8.2015

6   http://data.worldbank.org/indicator/SI.POV.RUHC/countries/NI?display=graph, Zugriff: 6.8.2015.

Großbäuern*innen – die meisten Kleinbäuer*innen gehören Kooperativen an, die noch eine deutlich größere Rolle in der Gegend spielen (Gespräch mit Deyling Romero, Miraflor 20.1.2015)

4. Staatliche Strategien zur Verbesserung der Ernährungssituation

Die derzeitigen staatlichen Strategien zur Verbesserung der Ernährungssituation der Bevölkerung sind in Kuba und Nicaragua sehr unterschiedlich. Während in Kuba der Staat angesichts der vielen Brachflächen die Bevölkerung dazu bringen will, Land zu pachten und Landwirtschaft zu betreiben und so die landwirtschaftlich genutzte Fläche auszuweiten, zielt die aktuelle sandinistische Regierung darauf, auf den existierenden Flächen mehr zu produzieren, ohne den Menschen zusätzliches Land zu geben und somit eine Agrarreform durchzuführen.

Kuba: staatliche Förderung von Landwirtschaft auf dem Land und in der Stadt
Angesichts des hohen Anteils von Brachland wird seit 1993 auf staatliche Initiative hin versucht, Personen aus der Stadt für die Landarbeit zu gewinnen. Die meisten Kooperativen und Kleinbäuer*innen, die wir treffen, sind nicht Eigentümer des Landes, sondern haben es vom Staat zu geringen oder ohne Kosten gepachtet. Die erste Möglichkeit dazu wurde 1993 geschaffen, als der Staat offiziell zugab, die Nahrungsmittelversorgung der Bevölkerung nicht mehr sicher stellen zu können und deshalb die Pacht von Land ermöglichte und auf Selbstversorgung der Bevölkerung setzte. Javier Vidal Durant aus Guantanamo ist einer dieser Pächter. Er hat seit 1993 ein Landstück von einem Viertel ha Größe bekommen. Heute baut er verschiedene Obst- und Gemüsesorten (z. B. Bohnen, Karotten, Rotkohl) für den Eigenverbrauch an. Er verkauft seine Produkte nicht, spendet aber freiwillig Obst und Gemüse an Krankenhäuser und Schulen. Schon bald zeigte sich, dass diese Pächter*innen und neu entstehenden Kooperativen einen wichtigen Beitrag zur Nahrungsmittelversorgung leisten und der Staat begann weitere Unterstützung zu organisieren.

Mittlerweile gibt es deshalb ein Nebeneinander von unterschiedlichen Produktionsmodellen: Es existieren weiterhin staatliche Betriebe, bei denen der Staat die Arbeiter*innen anstellt, die Investitionen tätigt und die Produkte abnimmt, die Unternehmerischen Basiseinheuten (UEB)[7]. Zudem

---

7   UEB: span.: Unidades Empresariales de Base – dt.: Unternehmerische Basiseinheiten

haben sich bereits seit den 1960er Jahren Kooperativen etabliert, in denen Kleinbäuer*innen mit individuellen (CCS)[8] oder kollektiven (CPA)[9] Landtiteln gemeinsam wirtschaften sollten. Seit den 1990ern gibt es zunehmend auch Staatsbetriebe, die auf ihre Arbeitskräfte in Form von Kooperativen übergegangen sind (UBPC)[10] und Einzelbäuer*innen (zur Geschichte der Kooperativen vgl. den Beitrag von Lisandra Palenzuela in diesem Band).

Auf die Einzelbäuer*innen wird immer mehr gesetzt: Bis 2009 hat der Staat 920.000 ha an über 100.000 Personen vergeben und damit 52% der bisher brachliegenden Fläche verpachtet. Seit Dezember 2012 kann ein Teil des Landes von Pächter*innen ganz frei bewirtschaftet werden, seit 2015 dürfen die Bäuer*innen landesweit ihre Überschüsse direkt vermarkten und privaten Transportunternehmen die Lieferung auf die Märkte an private Transportunternehmen überlassen. Die meisten Preise werden dort vom Markt bestimmt; lediglich bei acht Grundnahrungsmitteln (darunter Reis, Bohnen, Süßkartoffeln und Tomaten) werden die Preise weiterhin vom Staat reguliert (vgl. Kunzmann 2013). Durch die Direktvermarktung kommt das Gemüse weit frischer auf dem Markt an und die Produzent*innen riskieren nicht mehr, dass sie auf den Produkten sitzenbleiben. Die meisten der neuen Pächter*innen geben Viehwirtschaft oder verschiedene Nahrungsmittel als Ziel an, die wenigsten Pächter*innen Produkte wie Reis, Tabak oder Zucker. Es wird geschätzt, dass etwa 35% des verpachteten Landes nun bebaut ist. (vgl. Nova 2013: 60)

Damit zeichnet sich eine deutliche Verschiebung der Produzent*innenstruktur in Kubas Landwirtschaft ab:

Landwirtschaftlich genutzte Fläche in Kuba:					
	Total	UEB	UBPC	CPA	CCS & PächterInnen*
2007	100%	35,8%	36,9%	8,8%	18,5%
2011-2012	100%	17,0%	23,0%	9,0%	51,0%

(Vgl. Nova 2013:78)

Doch nicht nur im ländlichen Raum, sondern auch in urbanen und suburbanen Gegenden wird staatlicherseits der Anbau von Obst und Gemüse

8   CSS: span.: Cooperativa de Créditos y Servicios – dt.: Kredit und Service-Kooperative
9   CPA: span.: Cooperativas de Producción Agraria – dt.: Agrarische Produktionskooperativen
10   UBPC: span.: Unidades Básicas de Producción Cooperativa – dt.: Basiseinheiten zur kooperativen Produktion

27

gefördert: „Der Staat hat an viele Leute Land verpachtet, so auch uns, um die Ernährung zu verbessern. Urbane Flächen innerhalb der Städte wurden auf diese Art genutzt. Früher hat man im Umland von Havanna geerntet und die Ernte kam häufig schon in schlechtem Zustand auf den Märkten an. Das hat sich dadurch auch verbessert, kürzere Wege. So begann die Bewegung der städtischen Landwirtschaft«. (Gespräch mit Vilda Figuero und Pepe Lama 8.1.2015). Lisandra Palenzuela, Ökonomin an der Universität in Havanna, ist ebenfalls sehr überzeugt von dem Modell der suburbanen Landwirtschaft: »Studien zeigen, dass Landwirtschaft in suburbanen Zonen bis zu 15 Mal rentabler ist als die traditionelle Landwirtschaft. Es gibt kaum Ernteausfälle. Die Gesamtfläche der suburbanen Landwirtschaft beträgt weniger als 2% der bebauten Fläche, es werden 1,5 Tonnen jährlich produziert, 80% des Gemüses wird dort hergestellt. Der Staat setzt vielfältige Anreize, um die Produktion attraktiver zu machen«. (Gespräch mit Lisandra Palenzuela 10.1.2015)

Nicaragua: bono productivo alimentario bzw. hambre cero
Die Sandinist*innen, die Nicaragua seit 2007 wieder regieren, haben eine Reihe von staatlichen Förderprogrammen aufgelegt, die die ärmsten Menschen unterstützen sollen. Das bekannteste ist das Programm bono productivo alimentario[11], das die FSLN 2006 zu einer zentralen Säule des Wahlkampfs machte. Seit 2007 wird in diesem Rahmen an bedürftige Familien jeweils eine trächtige Kuh, eine trächtige Sau, dazu Geflügel sowie später teilweise Ziegen vergeben. Darüber hinaus stellt das Programm Material – Zement, Zinkblech u.a.m. – für den Bau von Ställen, Frucht- und Futterpflanzen und einen Biokonverter zur Verfügung (vgl. Schützhofer 2011: 53). Frauen, die Zugang zu 1-10 mz[12] Land in ruralen bzw. semi-ruralen Gebieten haben und bislang keine Viehhaltung betrieben haben, sind die Zielgruppe des Programms. Die Meinungen über das Programm gehen auseinander:

„Anfangs war die Vergabe sehr klientelistisch ausgerichtet. Wenn Du uns wählst, sagten die Sandinist*innen, bekommst Du hambre cero. Aus diesem Grund wurden manchmal – entgegen den Richtlinien – Menschen ohne Landbesitz begünstigt, die dann ihre Kuh nicht weiden lassen konnten, das Tier verkauften und mit dem Geld einen Fernseher und/oder Handy erwarben. Ein

---

11   Bono productivo alimentario – dt.: etwa produktiver Ernährungsbeitrag und span.: Hambre Cero – dt.: Nullhungerprogramm werden in Nicaragua meist synonym verwendet

12   mz steht für manzana und ist eine in Nicaragua übliche Flächenmaßeinheit. 1 mz Land entspricht 0.7 ha

derartiger Assistentialismus gemischt mit staatlichem Paternalismus hat nichts mit einem nachhaltigen Entwicklungsansatz zu tun. Eine Studie bestätigt, dass nur etwa 50% der durch hambre cero Begünstigten auf Dauer profitierten. Diese Menschen hatten nicht immer ausreichend Wasser, Land und Vorwissen – eben auch eine entsprechende »Haltung und Kultur«. Oftmals kamen die Sachen bei der Zielgruppe gar nicht erst an. Ebenso mangelt es häufig an einer kontinuierlichen technischen Unterstützung und Begleitung, denn nur ein Agrartechniker ist für 50 Begünstigte verantwortlich. Mittlerweile gibt es einige Verbesserungen: zum Beispiel kommt das Vieh immer aus der Region, ist also klimatisch angepasst und weniger krankheitsanfällig. Es gibt mehr staatliche Unterstützung für die Begünstigten, sich untereinander auszutauschen« (Gespräch mit Vertreter*innen des Movimiento Comunal Matagalpa 17.1.2015).

Kritisiert wurde darüber hinaus, dass oftmals nicht die Ärmsten von den Programmen profitierten, sondern eher die Parteianhänger*innen. Es fällt auf, dass etwa im Norden des Landes deutlich mehr Begünstigte wohnen, als anderswo. Auch die Wirkungen des Programms auf das Geschlechterverhältnis sind nicht nur als positiv zu bewerten (vgl. dazu den Beitrag von Franziska Stern in diesem Band). Ebenso wurden bestehende Kooperativen und NGOs nicht als solche unterstützt, was zu Problemen führte. So erläutert uns die Präsidentin der Frauenkooperative Deyling Romero aus Miraflor: »Einige haben profitiert – beispielsweise war die Kuh dann ihr individueller Besitz. In unserer Kooperative wurde versucht, das dadurch entstehende unterschiedliche Besitzniveau durch kooperativeninterne Zuwendungen auszugleichen. Woanders entstanden aber Spannungen, so dass Begünstigte eine eigene Kooperative gründeten.« (Gespräch mit Deyling Romero, 20.1.2015)

Es sind im Zeitraum zwischen 2007-2011 allerdings durchaus Unterstützungsmaßnahmen bei vielen Menschen angekommen: 38.000 Häuser wurden gebaut; 267.000 Familien haben Material erhalten, um die Dächer ihrer Häuser zu decken; 100.000 Frauen haben von hambre cero profitiert und 217.000 Kleinkredite über 5.000 Cordoba (ca. 166 Euro)[13] mit einer Laufzeit von 180 Tagen bei 5% Zinsen wurden vergeben (vgl. Kinloch Tijerino 2012: 354).

5. Probleme rund um Exportorientierung und Nahrungsmittelversorgung

Den genannten Erfolgen stehen jedoch auch deutliche Gegentendenzen gegenüber. Denn zugleich fördert der Staat weiterhin Monokulturen und Groß-

---

13   30,1 nicaraguanische Cordoba entsprachen im Juli 2015 einem Euro.

betriebe, die Lebensmittelpreise steigen und es werden etliche Maßnahmen unterlassen, die die Versorgungslage verbessern könnten.

Kuba: von Ernährungssouveränität noch weit entfernt

Die langjährige Fokussierung auf Zuckerexport und die daraus resultierende Importabhängigkeit von Nahrungsmitteln machte es schwierig, gerade in Zeiten der Krise, auf eine produktive Landwirtschaft umzustellen, die auf Selbstversorgung zielt. Erste Schritte dazu sind erfolgt, dennoch kämpfen die (Neu-)bäuer*innen mit vielfältigen Herausforderungen. Um Land zu bestellen sind zunächst eine Menge Investitionen nötig – oft muss zunächst Gestrüpp entfernt werden, ein Bewässerungssystem gebaut werden und Saatgut eingekauft werden.

Da es äußerst schwer ist, in Kuba an Kredite zu kommen, sind es vor allem Kubaner*innen mit Angehörigen im Ausland oder Beschäftigte im Tourismussektor, die das notwendige Startkapital aufbringen können, um rentabel zu wirtschaften. Dadurch werden nach Einschätzung des antirassistischen Aktivisten Roberto Zurbano bestehende soziale Ungleichheiten, so etwa die ökonomische Schlechterstellung der afrokubanischen Bevölkerung, verstärkt (vgl. das Interview mit ihm in diesem Band).

Es besteht weiterhin eine hohe Importabhängigkeit an Nahrungsmitteln und Tierfutter. Lisandra Palenzuela, Ökonomin an der Universität Havanna, hält einen deutlichen Anstieg der Produktivität und Produktionskapazität der kubanischen Landwirtschaft für möglich und erstrebenswert, ist sich jedoch zugleich sicher, dass es für Kuba nicht infrage kommt, ernährungssouverän im Sinne einer vollständigen Selbstversorgung mit Nahrungsmitteln zu werden. Sie begründet dies mit dem Mangel an Arbeitskräften auf dem Land und den geographischen Gegebenheiten: Weizen für das Grundnahrungsmittel Brot kann auf Kuba gar nicht hergestellt werden und für den Reisanbau eignen sich nur begrenzte Flächen.

Für Armando Nova, Dekan der Ökonomischen Fakultät der Universität von Havanna und Mitglied der Agrar-Expert*innenkommission der kubanischen Regierung, liegt der Schlüssel zur Steigerung der Produktion besonders in der Einführung von weiteren Marktinstrumenten an der Basis der Produktion: Eigenverantwortung der Kooperativen, leistungsgerechter Lohn sowie Preisregulierung über den Markt statt ineffektiver, überdimensionierter Staatsbetriebe. Dies klingt wie die Einführung des Kapitalismus durch die Hintertür. Nova räumt ein, dass der kubanische Staat weit davon entfernt ist, einen Masterplan für die Lösung seiner Probleme zu haben: »Wir befinden uns in einer weltweit einzigartigen Situation. Wir experimentieren, und Maßnahmen, die keinen Erfolg bringen, werden wieder verworfen.«

Früher kaufte der Staat die landwirtschaftliche Produktion auf und verteilte sie. Durch schlechte Lagerungs- und Transportmöglichkeiten sowie Korruption sind damit jedoch hohe Verluste entstanden. Deshalb setzen alle in städtischen Regionen bzw. mit guter Infrastrukturanbindung jetzt auf Direktvertrieb. Für alle in den abgelegenen Regionen ist dies aber weitaus schwieriger. Viele Produkte sind weiterhin Mangelware, wie beispielsweise Milch. »Die Milch geht zu 100% an den Staat, ausgenommen eine private Entnahme für die Eigenversorgung. Der Staat verteilt die Milch, auch an Krankenhäuser, Schulen und alte Menschen. Beliefert werden ebenfalls Restaurants. (Gespräch mit Manuel Tomajo Charum 1.1.2015, Umgebung von Guantanamo)

Nach wie vor wird den staatlichen Betrieben vorgegeben, welches Land sie für Milchwirtschaft und welches für Fleischproduktion verwenden müssen, wobei versucht wird, die Bodenqualität durch Viehwirtschaft zu optimieren und die CO2-Bilanz zu verbessern, indem zugleich Biogas erzeugt wird. Der private Sektor hingegen kann die Flächen frei zuteilen, auch wechselnd in den Jahren (Gespräch mit Vertreter*innen von ACPA 30.12.2014).

Der Staat kontrolliert und subventioniert bei der Tierproduktion: »Vom Staat subventioniert wird Kraftfutter und bei Bedarf Medikamente. Jedes Tier ist registriert und die Milchproduktion des Tieres wird dokumentiert und überwacht. Eine Kuh kann etwa 20 Jahre für die Milchproduktion genutzt werden, bevor sie geschlachtet wird. Rindfleisch steht in erster Linie den Restaurants, für den Tourismus, Kindern und alten Menschen zur Verfügung. Im freien Verkauf ist es sehr teuer. Geplant ist eine Steigerung der Rindfleischproduktion. (Interview Manuel Tomajo Charum;1.1.2015)

Auch bei der Schweinezucht hat der Staat eine aktive Rolle: Er verkauft am Jahresbeginn die Tiere an die Bäuer*innen und kauft sie am Jahresende zu einem vorher festgelegten Preis wieder ab (12,60 Pesos pro libra[14]). Wenn den Bäuer*innen die Schweine sterben, machen sie Verlust. Dies soll vorbeugen, dass Bäuer*innen die Tiere unter der Hand verkaufen oder schlecht behandeln, führt aber zu einer Verlagerung des Risikos auf die Bäuer*innen. 70% des Schweinefutters ist Kraftfutter und wird vom Staat gekauft. Es gibt beispielsweise einen staatlichen Plan für den Bezirk Guantanamo, wie viele Schweine »produziert« werden sollen. Darüber hinaus wird auch bei Obst

---

14   Eine libra entspricht auf Kuba 453 Gramm.

und Gemüse die Düngung und Pflanzenzucht über den Staat abgewickelt, erläutert uns der zufriedene Bauer Alfonso Martinez Diaz. (Gespräch, 1.1.2015 Umgebung Guantanamo)

Im Gegensatz zu Nicaragua ist Agrosprit in Kuba (noch) kein Thema. Bisher gab es testweise Jatropha-Anbau in der Nähe von Baracoa auf 37 ha, wobei 5 ha vom Ministerium für Wissenschaft, Technik und Umwelt in dem Pilotprojekt bestellt werden, der Rest gehört den Bäuer*innen. In Matanzas und Holguin werden jeweils 400 ha mit Jatropha bepflanzt. Für den Export ist das Öl bis auf Weiteres nicht bestimmt, sondern soll in Kuba als Agrosprit verwendet werden, erläutert uns der Ministeriumsmitarbeiter Ricardo Estebe (Gespräch, CITMA[15] 2.1.2015)

Diese Beispiele zeigen: Der Staat ist in vielfältiger Weise nicht nur gesetzgebende und regulierende Instanz, sondern verteilt auch die (mangelnden) Produkte. Dabei werden die begehrten Nahrungsmittel auch in erheblichem

---

15 CITMA: span.: Ministerio de Ciencia, Tecnología y Medio Ambiente – dt.: Ministerium für Wissenschaft, Technologie und Umwelt

Maße an den Tourismussektor geliefert, welcher dringend benötigte Devisen erwirtschaftet. Damit wiederum werden Nahrungsmittel importiert. Genauso wird weiter auf die Monokultur Zucker gesetzt, in der Hoffnung dass diese in Zukunft wieder mehr Devisen – insbesondere auch durch Zuckerderivate – bringt. Gehofft wird außerdem auf einen steigenden Handel mit China – jetzt bereits Exportland Nummer eins.

Nicaragua: Der Staat auf Seiten der Exportindustrie

Auch in Nicaragua spielt der Staat eine ambivalente Rolle in Verteilung und Regulierung. Finanziert wurden die oben beschriebenen Sozialprogramme aus ALBA[16]-Geldern. Die Opposition in Nicaragua fordert die Überleitung in den Staatshaushalt und parlamentarische Kontrolle. Die Regierung hingegen besteht darauf, dass es sich um einen Wirtschaftsvertrag von zwei unabhängigen Staatsunternehmen handele. (vgl.: Kinloch Tijerino 2012: 356). Auf nicaraguanischer Seite spielt das Unternehmen ALBANISA[17] dabei eine Schlüsselrolle. Dieses Unternehmen wurde als »Anonyme Gesellschaft«, sociedad anónima, ins Handelsregister eingetragen. Die Mitglieder des Vorstands sind hohe nicaraguanische Regierungsbeamte.

ALBANISA importiert und verteilt Rohöl und Benzin in Nicaragua und hat damit erhebliche Wirtschaftsmacht erlangt. Das Geschäftsfeld wird derzeit auf Energiegewinnung, Nahrungsmittelexport, Bau von Infrastruktur, Waldwirtschaft, Hotelgewerbe und Kommunikationstechnologie ausgeweitet (Kinloch Tijerino, 2012: 356). Zugleich erläutern uns die Aktivist*innen vom Movimiento Comunal in Matagalpa, dass ALBANISA als Aufkäufer insbesondere von Bohnen, Fleisch und Benzin aus Venezuela auftritt. Mittler-

16 ALBA: span.: Alternativa Bolivariana para los Pueblos de Nuestra América; dt: bolivarianische Alternative für die Amerikas ist ein wirtschaftlicher und politischer Zusammenschluss zwischen Venezuela, Kuba, Ecuador und Bolivien sowie etlichen Karibikstaaten. Als Gegengewicht zu diversen von den USA und Europa initiierten Freihandelsverträgen, soll ALBA im Geiste von Simon Bolivar, den solidarischen Austausch von Produkten, Dienstleistungen und Ideen zwischen den beteiligten Ländern fördern und sie unabhängiger vom Globalen Norden machen.

17 ALBANISA: span.: Alba Petróleos de Nicaragua, S.A. – dt.: Nicaraguanische ALBA- Ölfirma; Die Firma Albanisa wurde 2007 in Nicaragua gegründet um die Gelder und Investitionen zu managen, die das Land durch die Alba Mitgliedschaft erhält. 49% der Firmenanteile werden wohl von der staatseigenen nicaraguanischen Ölfirma Petronic gehalten, 51% von PDV Caribe, was wiederum eine Unterfirma der venezuelanischen Staatsfirma PdVSA ist.

weile nutzen Funktionär*innen ihre Position und verkaufen diese Produkte gewinnbringend nach ganz Zentralamerika. Hauptabnehmer von Rindfleisch ist Venezuela (2011 waren es 38%). Auch das staatliche Binnenhandelsunternehmen ENABAS[18], das zur Preisregulierung von Grundnahrungsmitteln beitragen soll, spielt eine ambivalente Rolle:»Ursprüngliches Ziel war es, Nahrungsmittel von Bäuer*innen aufzukaufen und in Speichern zu lagern, um bei Bedarf den Binnenhandel zu stabilisieren, indem die Produkte subventioniert günstig auf dem lokalen Markt angeboten werden. Solche Speicher gab es schon zu Somozas Zeiten. Heute hat ENABAS nichts mehr mit Preiskontrolle zu tun. ENABAS ist einfach Aufkäufer, handelt und verkauft – auch ins Ausland – wie ein normaler Marktteilnehmer. Die Regierung will keinen Streit mit privaten Händlern.« (Gespräch mit Aktivist*innen des Movimiento Comunal vom 17.1.2015).»Und dabei liegen an einigen Stellen die Preise zugunsten der Großproduzenten über dem Weltmarktpreis: So betrug der aktuelle internationale Preis für Zucker pro Doppelzentner 14 Dollar. Eigentlich könnte eine libra[19] demnach für vier Cordoba verkauft werden; – der Preis beträgt in Nicargua aber neun Cordoba. Davon profitieren Großunternehmer wie Pellas. Reis hat in der Vergangenheit pro libra immer nur drei Cordoba gekostet. Heute wird er für 14 Cordoba verkauft. Die nationalen Produzent*innen freuen sich darüber genauso wie US-Firmen, die mit diesem Preis für ihre Exporte gut leben können«, erklärten uns Aktivist*innen vom Movimiento Comunal.

Die Lebensmittelpreise in Nicaragua sind zu einem großen Problem geworden. Zwischen 2003 und 2012 gab es eine Inflation von durchschnittlich 9%, bei Öl und Fett 10%, bei Milch 9% und Fleisch 7%, bei Weizenprodukten 10% und am höchsten bei Zucker von 14,5% jährlich – was die Lebensmittelpreise für nicaraguanische Haushalte in die Höhe treibt (Gespräch mit Julio Sánchez 14.1.2015). Cynthia Rodriguez vom Movimiento Comunal in Matagalpa spricht von einer aktuellen Lebensmittelkrise. Der Preis für eine libra Bohnen stieg in der Vergangenheit schon mal auf unbezahlbare 40 Cordoba und ist aktuell mit 22 Cordoba immer noch viel zu hoch. Hinzu kommen Ernterückschläge durch Klimawandel. In San Dionisio hat es seit drei Jahren kaum geregnet; die Mais- und Bohnenernten gingen deutlich zurück. Die Ökonomie basiert auf überwiegend für Export ausgerichteten Produkten: Kaffee, Fleisch, Zucker und Bohnen, mit denen ein Teil des Öls aus Venezuela be-

---

18 ENABAS: span.: Empresa Nicaragüense de Alimentos Básicos – dt.: Nicaraguanische Firma für Grundnahrungsmittel
19 Eine libra entspricht in Nicaragua 454 Gramm.

zahlt wird. Zusätzlich zu den Folgen des Klimawandels bedeutet dies eine Verknappung und Verteuerung der roten Bohnen als Basis-Nahrungsmittel der Nicaraguaner*innen. Der Appell, statt der roten nun schwarze Bohnen zu essen, trifft bei der Bevölkerung auf Ablehnung. (Gespräch mit Vertreter*innen des Movimiento Comunal Matagalpa 17.1.2015)

Auch in der Steuerpolitik werden gegenwärtig große Unternehmen begünstigt. So wird keine Unterscheidung in der Besteuerung zwischen hochrentablen Großbetrieben und Kleinbäuer*innen gemacht. Der Staat verzichtet auf Steuern bei Palmölproduktion und begnügt sich wie in Kukra Hill,das in einer eigens dafür deklarierten Freihandelszone liegt, mit freiwilligen Spenden des Unternehmens an die Gemeinde. Zudem kontrolliert der Staat die Expansion des mit Palmöl bebauten Landes ungenügend, überwacht die Arbeitssicherheit, den Gesundheitsschutz sowie den Pestizideinsatz kaum, empört sich Maura Paladino, die für das Centro Humbolt seit Jahren die Palmölexpansion in Nicaragua beobachtet. 2006 wurde ein Dekret erlassen, welches 2 Mio. ha Land als geeignet für den Ölpalmenanbau in der südlichen Region Nicaraguas erklärte – ohne dabei Umweltstandards festzusetzen, fügt sie hinzu (Gespräch am 14.1.2015).

Auf Kontrolle von Arbeitssicherheit, Gesundheitsschutz und Pestizideinsatz verzichtet der Staat auch bei dem Zuckergiganten Pellas. Zwar kommt der Staat mittlerweile für Gesundheitsversorgung der Arbeiter*innen mit Niereninsuffizienz auf, entlässt das Unternehmen aber aus der Verantwortung (vergleiche dazu den Beitrag von Elfi Wernz in diesem Band). Die Monokulturenzunahme führt zu starker Bodenzerstörung und zunehmender Abholzung vor allem durch Rinderzucht und Ölpalmen.

Diese Politik untergräbt aktiv das im Artikel 63 der Verfassung formulierte Recht auf Ernährung und konterkariert das im Juni 2009 verabschiedete Gesetz über Ernährungssouveranität und Nahrungsmittelsicherheit. Cynthia Rodriguez verweist in diesem Zusammenhang auch auf die zunehmenden Aktivitäten von extraktivistischen Unternehmen, die dem Ziel Ernährungssouveränität entgegenwirken: In der Gegend um Rancho Grande und La Dalia, wo die Natur bisher relativ intakt war, will ein kanadisches Bergbauunternehmen auf mehr als 10.000 ha Gold abbauen. Goldexport ist mittlerweile als Devisenbringer sehr wichtig. Die lokalen staatlichen Stellen waren anfangs dagegen, nun unterstützen sie die Pläne. In der Zivilgesellschaft nimmt der Widerstand zu. (Gespräch mit Vertreter*innen des Movimiento Comunal Matagalpa 17.1.2015). Diese Beispiele sind kein Einzelfall: Die Zahl der vergebenen Bergbau-Konzessionen nimmt in den letzten Jahren sprunghaft zu. Dazu kommt erschwerend, dass über die Hälfte der Konzessionen in Naturschutzgebieten liegen. Seit Oktober 2014 gelten 14.507 Quadratkilometer als Abbaufläche. 11,13% des Landes sind damit konzessioniert. 63 Unternehmen sind am Abbau beteiligt, wobei es sich um 303 Einzellizenzen, davon 188 für den Abbau von Metall handelt. Die Umweltfolgen wie Grundwasserverschmutzung oder Krankheiten sind massiv, der Beschäftigungsgrad im Bergbau ist mit 1% aller Beschäftigten relativ niedrig. Hoch sind allerdings die Devisenerträge: Die Minen bringen ca. 350 Mio. US $ ein und liegen an dritter Stelle der Exportprodukte hinter Kaffee und Fleisch. (An 4. Stelle liegen Milchprodukte, Zucker liegt an 5. Stelle), erläutert die Bergbauexpertin Tania Sosa vom Centro Humboldt. (Gespräch am 15.1.2015)

Insofern charakterisiert eine starke Exportorientierung im Agrarsektor mit staatlicher Beteiligung und das Gewährenlassen extraktivistischer Unternehmen die gegenwärtige Landwirtschaftspolitik. Zwar wird im nationalen Entwicklungsplan das Ziel formuliert, die Lebensbedingungen aller, besonders der Armen, zu verbessern. Dies soll über Wirtschaftswachstum geschehen, v.a. über die Ausweitung des Exports und der Einwerbung ausländischer Investitionen. Von dem Export profitieren vor allem die Großunternehmen: Großgrundbesitzer*innen, Schlachthöfe sowie Exportunternehmen. Die starke Expansion, z.B. bei der Viehzucht ist nur durch die Ausdehnung der Weidefläche, d.h. durch die Verschiebung der Agrarfront nach Osten und das Abholzen des Tropenwaldes zu erreichen und hat erhebliche Folgen für die indigenen Bevölkerungsgruppen und Umwelt.

Das Fazit des Aktivisten des Movimiento Comunal in Matagalpa Sergio Saenz zur der staatlichen Politik fällt deshalb bitter aus:

1. Indem der Staat als Zwischenhändler auftritt, werden Kleinbäuer*innen benachteiligt. Die staatliche Politik ist auf die Unterstützung großer Konzerne ausgerichtet. Entgegen der Gesetzeslage dürfen internationale Konzerne auch gentechnisch verändertes Saatgut verkaufen.
2. Die sandinistische Regierung hat seit 2007 keinerlei Aktivitäten bzgl. einer erneuten Agrarreform unternommen. Ein Gesetz, das Frauen den Zugang zu Land erleichtert, wird zudem nicht umgesetzt. Nur 1% des Landes befindet sich in der Hand von Frauen.
3. Mittlerweile sind in Zentralamerika 10 Millionen Menschen von den Folgen des Klimawandels betroffen – Nicaragua nach Honduras am stärksten. Durch erhöhte Trockenheit gibt es eine Nahrungsmittelknappheit. Die Regierung ignoriert das. (Gespräch am 17.1.2015)

6. Fazit: Facetten staatlichen Handelns

Zusammenfassend zeigt sich in beiden Ländern, dass der Staat in sehr unterschiedlicher Weise Landwirtschaftspolitik betreibt – sowohl durch das, was er tut, als auch durch das, was er unterlässt. Staatliche Landwirtschaftspolitik bezieht sich auf die Verteilung und Bewirtschaftung von Land bzw. das Gewährenlassen bestimmter Bewirtschaftungssformen. Ob es um Grundnahrungsmittel oder Exportorientierung, Eigenverbrauch, lokale oder internationale Vermarktung geht und wer sich den entsprechenden Gewinn aneignet, und wie hoch dieser ausfällt, das kann der Staat regeln. Dadurch leistet er ggf. einen wichtigen Beitrag zur Ernährungssituation der Bevölkerung. In beiden Ländern greift der Staat aktiv in Preise für Saatgut und Lebensmittel ein, in Kuba darüberhinaus auch in die quantitative und qualitative Regulierung des Tierbestands. In beiden Ländern sehen wir aktuell verschiedene, sich teilweise widersprechende Strategien. Um diese zu verstehen, lohnt der Blick in die Vergangenheit.

Die Agrarstruktur beider Länder wurde durch die Kolonialzeit und lange auch durch politisch wie ökonomisch machtvolle Großgrundbesitzer geprägt. Im Zuge der jeweiligen Revolutionen war die Landreform – und damit die dahinter stehende Bevölkerung, die sich aktiv an den Befreiungskämpfen beteiligt hat – eine zentrale Säule der Politik – der Staat verteilte aktiv Land zugunsten von Kleinbäuer*innen und Kooperativen um und enteignete Großgrundbesitzer. Der Staat ist in Kuba bzw. war in Nicaragua dabei selbst Besitzer erheblicher Landflächen. Auf diesen Flächen produziert der kubanische Staat Zucker für den Export, Nicaragua lässt (regierungsnahe) Unternehmen den Export übernehmen. Zugleich fördert er die Subsistenz der ärmsten Bevölkerungsgruppen. Dabei stehen viele der aktuellen Politiken, insbesondere in Nicaragua, scheinbar im Widerspruch.

Ein Staat ist jedoch kein monolithischer Block, sondern sollte besser als eine Verdichtung von Kräfteverhältnissen verstanden werden. In vielen Ländern der Welt verfolgen unterschiedliche Staatsapparate und Ministerien verschiedene Ziele; Regierungen bedienen stets unterschiedliche Interessen und Klientelgruppen gleichzeitig. In beiden Ländern ist derzeit die Grundüberzeugung der Regierungen zu sehen, dass sie eine Anziehung von ausländischen Direktinvestitionen und eine Steigerung der Exporte für so wichtig halten, dass sie dabei auch hohe soziale und ökologische Folgekosten in Kauf nehmen.

Beide Länder stehen vor dem Grundproblem, dass ein gewisser Devisenimport nötig ist und allzu viele Optionen, was die Exportpalette angeht, nicht vorhanden sind. Diese Exportorientierung ist aber in einer Agrargesellschaft, mit hohem Bevölkerungsanteil auf dem Land (Nicaragua) bzw. einer Gesellschaft mit hohem Urbanisierungsgrad und einer hohen Abhängigkeit von Nahrungsmittelimporten (Kuba) ein Hinderungsgrund für die Entfaltung einer nachhaltigen Landwirtschaft, die die eigene Bevölkerung versorgen kann. Dabei könnte eine Stärkung von Kooperativen, die über umfassende Entscheidungskompetenzen, Zugang zu Kapital für Investitionen und technisches Know-how verfügen, ein wichtiger Schritt zur Erhöhung der Ernährungssouveränität und der Diversifierzierung der Landwirtschaft in beiden Ländern sein.

Ich danke Klaus Heß und Hans-Jürgen Burchardt für wertvolle Hinweise und Kommentare.

Literatur

Bert, Christiane (2012): Hungerkrise und Naturkatastrophen in Nicaragua 1972-2000, in: Dominik Collet/ Thore Lassen/Ansgar Schanbacher: Handeln in Hungerkrisen. Neue Perspektiven auf soziale und klimatische Vulnerabilität, Göttingen.

Burchardt, Hans-Jürgen (1999): Kuba. Im Herbst des Patriarchen, Stuttgart.

Kinloch Tijerino, Frances (2012): Historia de Nicaragua. HNCA-UCA, Managua.

Informationsbüro Nicaragua (2012): Nahua Script 15. Solidarität heute und morgen – Themen der Nicaragua Konferenz; darin insbesondere Klaus Heß: Aufbruch in Abhängigkeiten – Nicaraguas Wirtschaftspolitik unter Daniel Ortega; und Rudi Kurz: Bessere Lebensperspektiven auf dem Land – Ländliche Entwicklung ermöglichen, kleinbäuerliche Strukturen stärken, Wuppertal.

Kälber, Daniela (2008): Lebendige Gärten – urbane Landwirtschaft in Havanna/Kuba. Zwischen Eigenmacht und angeleiteter Selbstversorgung, Diplomarbeit in Soziologie, Universität Hannover.

Kunzmann, Marcel (2013): Neues Landwirtschaftsmodell in Kuba, amerika 21, https://amerika21.de/2013/11/93347/landwirtschaftsreform-kuba, letzter Zugriff am 5.5.2015

Merlet, Pierre / Merlet, Michelle (2010): Legal pluralism as a new perspective to study land rights in Nicaragua. A different look at the Sandinista Agrarian reform. Paper presented at the Conference.»Land Reforms and Management of Natural Resources in Africa and Latin America« Lleida, Spanien, 24-25-26 November 2010.

Nova, Armando (2013): El Modelo Agrícola y los lineamientos de la política económica y social en Cuba, Editorial de Ciencias Sociales del Instituto Cubano del Libro, Havanna.

Solà Montserrat, Roser (Hg.) (2008): Estructura Económica de Nicaragua y su Contexto Centroamericano y Mundial. Hispamer-UCA, Managua

Lisandra Palenzuela Ferrera und Ivette García Callava[1]

Perspektiven des Kooperativenwesens innerhalb der Erneuerung des kubanischen ökonomischen Modells

Eine kritische Sicht auf die jüngsten Maßnahmen

Das Kooperativenwesen in Kuba ist eine gute Möglichkeit, die Funktionsfähigkeit des sozialistischen Modells zu verbessern. Daher soll in diesem Beitrag das kubanische Kooperativenwesen von den Anfängen bis zu den aktuellsten Tendenzen untersucht werden. Die einzelnen Kooperativen, die es im Land gibt, sind kein exaktes Abbild des bestehenden theoretischen Konzeptes für Kooperativen. Das hat damit zu tun, dass in Kuba eine genossenschaftliche Kultur fehlt. Trotzdem hat das Kooperativenmodell Potentiale, die hinsichtlich der Unternehmensführung deutliche Vorteile gegenüber dem Privatbesitz bieten. Daher hat es in den letzten Jahren eine deutliche Unterstützung für und einen Zuwachs an Kooperativen gegeben.

Der vorliegende Text beginnt mit einer Systematisierung der kubanischen Landwirtschaftskooperativen und untersucht, welches die grundlegenden Hemmnisse für die Entwicklung einer genossenschaftlichen Bewegung in Kuba

---

1   Lic. Lisandra Palenzuela Ferrera und Lic. Garicía Callva sind beide Professorinnen und Lehrende des Fachgebiets Ökonomische Entwicklung an der Fakultät für Ökonomie an der Universität Havanna. Kontakt: lisandrapf@fec.uh.cu und lgarcia3310@fec.uh.cu.

Das allgemeine Bildungsniveau in Kuba und die Eigeninitiative vieler Leute haben mich beeindruckt. Ich hoffe sehr, dass das ausreicht, damit Kuba auch in Zukunft seine Ressourcen nicht den Konzernen der kapitalistischen Welt übereignet. Jo Goebel, Frankfurt

waren. Dabei werden auch einige Fragen aufgeworfen und analysiert, die zu den Grundfragen der genossenschaftlichen Entwicklung des Landes zählen: Reicht der politische Wille und die Änderungen der landesweiten Regulierungen aus, damit diese Entwicklung Erfolg haben wird? Braucht man politische Anreize und eine Ausbildung zur Förderung der genossenschaftlichen Entwicklung innerhalb der kubanischen Gesellschaft im Rahmen der derzeitigen Anpassung des kubanischen Wirtschaftsmodells? Reicht die Entwicklung einer Kooperativenkultur als Schlüsselfaktor für das Wachstum des landwirtschaftlichen Sektors im Lande aus? Wäre es angebracht, für die genossenschaftliche Bewegung in Kuba Institutionen zu schaffen, um diesen Bereich weiter nach vorne zu bringen? Müssen wir integrale kooperative Unternehmensführungsmodelle und Schulungen für die Kooperativenmitglieder auf der Basis genossenschaftlicher Prinzipien entwickeln?

Diese und andere Fragen werden in diesem Text diskutiert. Er hat das Ziel darüber nachzudenken, welche Rolle die genossenschaftliche Entwicklung in der Veränderung des kubanischen Wirtschaftsmodells einnehmen kann. Abschließend werden einige Ideen zu den Entwicklungsperspektiven der genossenschaftlichen Bewegung im Lande aufgezeigt.

Der Agrarsektor und das Kooperativenmodell in Kuba vor 1959

Vor dem Triumph der kubanischen Revolution gab es keine genossenschaftliche Tradition in Kuba. Das ist einer Reihe von wirtschaftlichen und sozialen Faktoren geschuldet, die deren Entstehen behinderten. Erst durch den Triumph der kubanischen Revolution wurden die Bedingungen geschaffen, die zu einer bedeutsamen Entwicklung der Kooperativenbewegung im Agrarbereich führten.

Kooperativen in Kuba vor dem Triumph der Revolution

In den späten dreißiger und frühen vierziger Jahren des 20. Jh. entstanden in einigen landwirtschaftlichen Gebieten Kubas Kooperativen, die aber nicht von langer Dauer waren, hauptsächlich gegründet von wohlhabenden Landbesitzern. Es wurden auch Branchenverbände von Produzenten*innen gegründet, die mehr den Charakter von Preisstabilisierungsgremien für die Produktpreise hatten, als das Ziel einer wirtschaftlichen Organisation der Kooperative. In den städtischen Bereichen nahm man die Kooperativen nicht wahr, einerseits aufgrund ihrer oft kurzlebigen Dauer und andererseits wegen der geringen positiven Effekte für die Genossen*innen.

Die nicht-institutionalisierte Entwicklung der Kooperativen während der Revolution (1959-1975)

Der Triumph der kubanischen Revolution am 1. Januar 1959 bot neue Partizipationsmöglichkeiten für die kubanische Bevölkerung in der Gestaltung der zukünftigen kubanischen Gesellschaft und der wirtschaftlichen Lenkung. Vor diesem Hintergrund ergaben sich bessere Möglichkeiten für die Entwicklung von Kooperativen. Obwohl die Schaffung dieser Organisationsformen in der Entwicklungsstrategie des Landes vorgesehen war, drehten sich die Hauptfragen dennoch darum, wie man sie einrichten und erfolgreich auf den Weg bringen könnte. Es gab in den ersten Jahren nach der Revolution einige Unklarheiten darüber. Gerade in den Massenmedien wurden die verschiedenen ökonomischen Formen, die durch den Staat geschaffen wurden, fälschlicherweise von etlichen Journalist*innen und Regierungsfunktionär*innen immer wieder als Kooperativen bezeichnet (vgl. Cruz 2012). Am 17. Mai 1959 wurde das »Erste Gesetz zur Agrarreform« unterschrieben mit dem Ziel die Latifundien und die Ausbeutungssituation für die kubanischen Bäuer*innen abzuschaffen. Mit diesem ersten Gesetz wurde das Nationale Institut zur Agrarreform (INRA)[2] gegründet, als handlungsfähige Institution, um die revolutionäre Transformation, die die kubanische Landwirtschaft benötigte, umzusetzen. Am 31. Dezember 1960 löste sich das Ministerium für landwirtschaftliche Großbetriebe (ministerio de haciendas) auf und übergab Vermögen und Befugnisse an das INRA. Im Jahre 1960 wurden die Bäuerlichen Vereinigungen

2   INRA: span. Instituto Nacional de Reforma Agraria

Mitglied einer CCS-Kooperative

(AC)[3] gegründet und die ersten Kredit- und Servicekooperativen (CCS)[4], hauptsächlich in der Provinz Pinar del Rio etabliert. Bei ihrer Gründung wurden die Entscheidungen der Bäuer*innen respektiert und der individuelle Landbesitz blieb erhalten, aber man schloss sich zusammen, um Kredite zu bekommen und gemeinsame Dienstleistungsverträge zu schließen. Dadurch entwickelte sich eine Bewegung, um diesen Typ von Organisation, insbesondere bezüglich seiner wirtschaftlichen Steuerungsfähigkeiten, zu stärken.

Die Kredit- und Servicekooperativen (CCS) waren eine besser ausgearbeitete Form der Zusammenarbeit als der Privatbesitz. Sie entstanden aus dem Geist der Agrarreform und wurden geschaffen, um die gemeinsame Nutzung von Sachanlagen zu unterstützen, z.B. Schiffe für die Konservierung der Tabakblätter, bestimmte Maschinen, Ochsengespanne; allerdings blieb der Boden, das Vieh und seine wichtigsten Arbeitsmittel zur Bearbeitung des Bodens im Privatbesitz der Bäuer*innen (vgl. Cruz 2012). Dennoch waren diese Kooperativen attraktiv und sie wurden wegen ihrer Vorteile für die Bäuer*innen wei-

3   AC: span.: Asociaciones Campesinas
4   CCS: Cooperativa de Créditos y Servicios

42

ter verbreitet.. Die Mitglieder hatten zuvor berichtet, dass es für die Genossen*innen keine Auswirkungen auf den Privatbesitz an Land habe.

Ein anderer wichtiger Schritt in dieser Zeit für die Entwicklung der Kooperativenbewegung und mit deutlichen Auswirkungen bis heute war die Gründung der Vereinigung der Kleinbäuer*innen (ANAP)[5] im Jahre 1961. Diese Organisation, die arme Bäuer*innen und diejenigen mit mittlerem Einkommen als Mitglieder hatte, wurde zu einer sehr politischen Organisation. Die Basiszellen bestanden aus Zusammenschlüssen von Bäuer*innen auf lokaler Ebene, darüber stand die Provinzebene und die nationale Ebene. Sie hat sich in eine hervorragende Schule für die praktische Ausbildung in den Kooperativen gewandelt. Die Entwicklung des Kooperativenwesens innerhalb der kubanischen Bäuer*innen war das Ergebnis einer kontinuierlichen, geduldigen Überzeugungsarbeit durch die ANAP. Der Zeitraum von 1961 – 1975 kann deshalb als spontane und nicht institutionalisierte Entwicklung des Kooperativenwesens charakterisiert werden. (vgl. Cruz 2012).

Institutionalisierte Unterstützung des Kooperativenwesens (1975-1993)

Im Jahre 1975 nach dem I. Kongress der Kommunistischen Partei Kubas (PCC)[6] entstehen die Landwirtschaftliche Produktionsgenossenschaften (CPA)[7] auf Basis eines freiwilligen Zusammenschlusses der Bauern und Bäuerinnen, die ihr Land und ihren Besitz einbrachten. Sie haben sich organisiert, um in kollektiver Form produzieren zu können. Sie wollten nicht mehr die individuellen Besitzer ihrer Böden oder ihrer Produktionsmittel sein, auch nicht der Produktionsergebnisse, sie wollten kollektive Eigentümer*innen sein.

Bei dieser Form der Kooperative ist es beim Austritt aus der Kooperative nicht möglich, die eingebrachten Güter zurückzufordern, da diese in der Zwischenzeit schon Teil des kollektiven Erbes der CPA geworden sind. Die ersten CPA haben sich zunächst sehr langsam gebildet und hatten nur in jenen Regionen des Landes Bestand, wo die einfacheren Formen der Kooperation bereits entwickelt waren.

Die Herausbildung dieser Kooperativen war nicht frei von Einschränkungen und Widersprüchen. Einige von ihnen scheiterten, weil sie sich gebildet hatten, ohne vorher eine gründliche Analyse der wirtschaftlichen Machbarkeit zu

5   ANAP: span.: Asociación Nacional de Agricultores Pequeños
6   PCC: span.: Partido Comunista de Cuba
7   CPA: span.: Cooperativas de Producción Agraria

leisten, andere scheiterten an einer ineffizienten Steuerung, was zum Zusammenschluss von Kooperativen oder auch zum Verschwinden einiger führte.[8] Seit dem ersten Kongress der kommunistischen Partei Kubas 1975, seit der verfassungsmäßigen Verankerung der Kooperativen in 1976 und seit dem Kongress der ANAP von 1977 hat sich die Kooperativenbewegung in Kuba mit voller staatlicher gesetzgeberischer und ökonomischer Unterstützung entwickelt.

Die Wirtschaftskrise der 1990er Jahre

Die kubanische Wirtschaft konnte strukturell immer als eine offene Ökonomie bezeichnet werden. Der Außenhandel war ein entscheidender Faktor für die Funktionsweise der Wirtschaft. Die Fähigkeit zu Export und Import ist ein Schlüsselelement in der Matrix der wirtschaftlichen Beziehungen.

Das Verschwinden des sozialistischen Blocks in Osteuropa zu Beginn der 90er Jahre bedeutete eine plötzliche und dramatische Änderung der internationalen Handelsbeziehungen der Insel. Die Wiederanpassung der Handelsbeziehungen an die herrschenden Bedingungen der Weltmärkte – obwohl noch immer im Aufbau – wurde gleichzeitig durch eine Verschärfung der ökonomischen Blockade von Seiten der USA erschwert.

Diese Strukturanpassung bewirkte die Abkoppelung des produktiven landwirtschaftlichen Sektors, die bis heute negative Folgen hat. Das Steuerungsmodell für diesen Bereich zeigte Nachteile auf, deren Ursache bis in die 1980er Jahre reichen, denn fast die gesamte Infrastruktur und die Funktionsweise dieses Sektors basierte auf Investitionsmitteln, die durch die sozialistischen Länder zur Verfügung gestellt worden waren. Die landwirtschaftlichen Erträge, aber auch die Wachstumsraten verhielten sich nicht so wie erwartet. Die Erträge waren mager und es muss berücksichtigt werden, dass die Logistik, die für die Technologien und die Ernährungserfordernisse der Bevölkerung erforderlich war, fast vollständig von der Sowjetunion bereit gestellt worden war. Die UdSSR war mit 75% Anteil an den Handelsbeziehungen der Haupthandelspartner.

Die kubanische Landwirtschaft verlor fast 100% der Lieferquellen für Technologie, Produktionsmittel aller Art sowie für das Viehfutter. Angesichts

---

8   Zu Beginn der 1990er Jahre hat sich die Anzahl der CPA auf 1.000 Einheiten verringert. Vgl. Artikel »Cooperativas en Cuba: participación y contribución al desarrollo económico von Dr. Jesús Cruz Reyes, Profesor Titular de la Universidad de La Habana. Publicado en Temas 2013

dieser Krise musste Kuba sich in den internationalen Markt integrieren, dessen Preise allerdings mehr den Import der meisten Produkte für den Grundwarenkorb der Bevölkerung förderten, als eine höhere einheimische Produktion zu begünstigen. Deswegen konzentriert sich die kubanische Agrarindustrie darauf, die knappen Ressourcen hauptsächlich in die Produktion von Exportgütern zu investieren.

Die landwirtschaftliche Produktion entwickelte sich auf der Basis zweier grundlegender Organisationsformen. Die erste und wichtigste waren die großen staatlichen landwirtschaftlichen Unternehmen, die durch eine schlechte Unternehmensführung und eine geringe organisatorische Kompetenz geprägt waren. Die zweite bestand aus einer Gruppe von Kooperativen und privaten Bäuer*innen, die sich besser managten und die eine bessere Ressourceneffizienz erreichten. Die Agrarkooperativen (CPA) haben in ihrer Mehrheit gute Erträge und stabile wachsende Entwicklungen, während die staatlichen Unternehmen tendenziell eher schlechter funktionieren.[9]

Berücksichtigen wir die vorher angesprochenen Probleme, dann ist der Rückgang der Produktivität des landwirtschaftlichen Sektors als Teil der tiefen Krise, die das Land erlebte, unvermeidlich.. Der Anteil des Landwirtschaftssektors an der Gesamtwirtschaft fiel seit der Revolution und bis hin zum Beginn der Spezialperiode deutlich.

Gleichzeitig fiel der Anteil der im landwirtschaftlichen Sektor ökonomisch aktiven Bevölkerung, verursacht durch die Abwanderung der Landbevölkerung in die Städte, dieses motiviert vor allen Dingen durch mangelnden Produktionsanreize. Die Gehälter waren die niedrigsten im Land – ungefähr 148 Pesos pro Kopf. Angesichts dieser wirtschaftlichen Krise und der fehlenden Nachhaltigkeit des Agrarbereichs sowie der Knappheit von Nahrungsmitteln, hat die Regierung eine Reihe von Maßnahmen getroffen, die zu einer Wiederbelebung des Sektors führen sollten.

Das Kooperativenwesen in der ökonomischen Reformphase: Die Entstehung der UBPC (1993-2011)

Ein Teil der im Rahmen der Reformen durchgeführten Maßnahmen, um dem – von außen aufgezwungenen – Strukturwandel zu begegnen, war es, große

---

9   Vergleiche hierzu Arranz 2012 »Línea de desarrollo y resultados de la Agricultura cubana en los últimos 50 años« de Armando Nova 2009, S. 12.

Besuch bei der Redaktion der Landwirtschaftszeitung Lomerío in Guantanamo

Teile der Flächen der landwirtschaftlichen Staatsbetriebe den Kooperativen zuzuteilen. Dadurch wurde die landwirtschaftliche Aktivität neu dimensioniert, es gab durch das kollektive Eigentum an den Vermögenswerten Anreize für die Produzent*innen. In diesem Zusammenhang wurden die Basiseinheiten der Genossenschaftsproduktion (UBPC)[10] im Jahre 1993 gegründet. Ebenso wurde Land zur Nutzung an Einzelpersonen und Familien verteilt mit dem Ziel, dass diese Exportprodukte anbauen sollten wie Kaffee oder Tabak, aber auch Grundnahrungsmittel und Gemüse.

Um dem Exodus der Landbevölkerung in die Städte und der Entvölkerung des ländlichen Raumes entgegenzuwirken, wurde die urbane und suburbane Landwirtschaft gefördert. Es wurde Nahrungsmittelproduktion auf kleinen Flächen gefördert, um die Nahrungsmittelknappheit in den Städten und im gesamten Land zu lindern.

Eine andere Maßnahme war die Wiedereröffnung der freien Agrarmärkte zu Angebots- und Nachfragepreisen. Unterstützt durch das Gesetzes-

---

10   UBPC: span.: Unidades Básicas de Producción Cooperativa

dekret 191/1994 konnten die Privatbäuer*innen, die Servicekooperativen, die CPA und die UBPC ihren Produktionsüberschuss auf diesen Märkten verkaufen, sobald sie ihren Verpflichtungen gegenüber dem Staat durch die Verkäufe an das Landwirtschaftsministerium (MINAG)[11] nachgekommen waren.

Um die Geschichte der UPBC zu verstehen, muss man die schwierige Situation und die Ursachen bedenken, in der sie gegründet wurden. Sowohl der Untergang des sozialistischen Blocks als auch die Zuspitzung der Wirtschaftsblockade waren zwei Schlüsselfaktoren im internationalen Politikpanorama.

Das MINAG wurde finanziell ausgetrocknet, 1992 erhielt es nach Ministeriumsangaben mehr als 1,800 Milliarden Pesos staatlicher Subvention zum Ausgleich wirtschaftlicher Verluste. Auf der anderen Seite bekamen die Landarbeiter*innen im Vergleich die niedrigsten Löhne. Die großen, seit der Revolution bestehenden Staatsbetriebe waren einer der wesentlichen Gründe für die Land-Stadt-Migration, es gab Studienmöglichkeiten und es eröffneten sich zahlreiche Arbeitsmöglichkeiten im Dienstleistungsbereich. Durch diese Land-Stadt-Migration wurde die Ernährung der Bevölkerung zu einem großen Problem. (López 2010)

Von 1993 an – aufgrund der vorher beschriebenen Situation – erreichte man mit dem nachstehenden Vorschlag eine Wiederbelebung des Agrarsektors. Dieser Vorschlag wurde durch die Verabschiedung des Gesetzesdekrets 142 umgesetzt. Das Gesetz ordnete die Umwandlung des Landbesitzes des größten Teils der Staatsfarmen und Zuckerbetriebe in kooperative Basiseinheiten (UBPC) an. Dieses bedeutete eine wichtige strukturelle Änderung sowohl der Besitzverhältnisse am Boden als auch des Managements der Betriebe.

Dieser neue wirtschaftliche Organisationstyp beschäftigte weiterhin die ehemaligen Arbeiter*innen der zuvor staatlichen landwirtschaftlichen Betriebe. Diese erhielten die Böden als Nutzer*innen in kollektiver Form kostenlos zum Anbau, sowohl bei Zuckerrohrbetrieben als auch bei anderen Betrieben. Ebenso bekamen sie die Verfügungsgewalt über die übrigen Vermögenswerte des Betriebes, wie Anlagen, Maschinen und Vieh, finanziert auf der Basis sehr zinsgünstiger Darlehen. Dieser strukturelle Wandel in den Eigentumsverhältnissen und dem Management der Böden hatte einschneidende Folgen, 64% der Böden in Kuba wurden in diesen Jahren von Produzenten*innen bearbeitet, die in Kooperativen organisiert waren. Fidel Castro erklärte zu der Bedeutung dieser Maßnahmen, dass wahrscheinlich

---

11   MINAG: span.: Ministerio de la Agricultura

in keinem anderen Bereich der Wirtschaft je so grundlegende Änderungen durchgeführt wurden wie in der Landwirtschaft. In Kuba nennen viele diese Änderungen die dritte Agrarreform, es ging dabei um dieUmwandlung der staatlichen Betriebe in UBPC und die Vergabe von kostenlosen Nießbrauch (Nutzungsrecht) an den Böden für eine unbestimmte Zeit. Tausende von Hektar wurden in kleinen Parzellen an Bäuern*innen, Rentner*innen sowie Stadt- und Landbewohner*innen übergeben. (vgl. Cruz 2012)

Mit der Schaffung der UBPC ergab sich eine unternehmerische Neujustierung. Die Kooperativen haben eine bessere Kontrolle über ihre Flächen. Gleichzeitig ergibt sich die Notwendigkeit einer technologischen Änderung: hauptsächlich wurden Tiergespanne genutzt und organischer Dünger und Pestizide.

Im Artikel II des Gesetzesdekrets 142 über die UBPC, wurde festgelegt, dass sie eine juristische Person haben sollten und mit den folgenden Merkmalen ausgestattet sein sollten:

1. Sie haben den Nießbrauch am Boden auf unbestimmte Zeit.
2. Sie sind Eigentümer ihrer Produktionsergebnisse.
3. Ein Teil ihrer Produktion verkaufen sie dem Staat über eine eigens dafür geschaffene Firma[12]
4. Sie sorgen selbst für ihre eigene technische und materielle Ausstattung.
5. Eigene Bankkonten.
6. Sie kaufen die Produktionsmittel auf Kreditbasis selbst.
7. Sie wählen ihre Führung aus dem Kollektiv und diese legt in periodischen Abständen den Mitgliedern gegenüber Rechenschaft ab.
8. Sie kommen ihren steuerlichen Verpflichtungen nach und leisten damit einen Beitrag zu den allgemeinen Ausgaben des Staates.

Das sind einige der grundlegenden Prinzipien, mit denen die Tätigkeit der UBPC beschrieben werden könnte. Es ist natürlich trotzdem kein Geheimnis, dass viele dieser Organisationen auf der Basis der Vorschriften, die im Artikel II dargelegt wurden, nicht funktionieren, meistens wegen – entweder objektiver oder subjektiver – Hemmnisse und Hindernisse, die ihre Leistungsfähigkeit und unternehmerische Tätigkeit beeinträchtigen.

---

12 Die Firma mit dem Namen »Empresa Nacional de Acopio« war im Zeitraum zwischen 1993 und 2012 dafür zuständig, die komplette Produktion aller Staatsbetriebe zusammenzufassen.

Die Änderungen in der Landwirtschaft vollzogen sich vor einem historischen Panorama, das ziemlich ungünstige Umstände bot. Ohne Zweifel hatten diese Organisationen große Herausforderungen zu bewältigen. Ungefähr ein Fünftel der UBPCs war aus verschiedenen Faktoren nicht erfolgreich:

– Sie wurden in großer Eile gegründet, die eigenen Regelungen oder Satzungen waren in vielen Fällen schlecht durchdacht.
– Diese Organisationen konnten von Anfang an nicht ihre unternehmerischen Fähigkeiten und Autonomie entfalten, denn sie waren zahlreichen Regulationen durch staatliche Institutionen unterworfen.
– Die internationalen Prinzipien des Kooperativenwesens waren nicht bekannt und die grundlegenden Dinge, die für die Funktionsfähigkeit wichtig gewesen wären, wurden nicht entsprechend angewendet.
– Die Vertragsgestaltung war schwach und es herrschte eine umfangreiche Einmischung von Seiten der staatlichen Institutionen vor, die sie betreuten.
– Um Produktionsmittel oder andere Ressourcen von einer anderen Einheit zu bekommen, mussten sie durch die Staatsunternehmen repräsentiert sein. (Da man ihre eigene juristische Körperschaft nicht anerkannte.)
– Die Produktionsmittel, z.b. die Transportmittel, die Teil des kollektiven Eigentums sind und von der Kooperative erworben worden waren, wurden ihnen bei bestimmten Gelegenheiten entzogen ohne die erforderliche Genehmigung der Mitgliederversammlung der Genossen*innen einzuholen.
– Die Fonds, die sie als Reserve geschaffen haben, unterlagen ausufernden Regelungen für ihre Nutzung.
– Die Transportmittel im kollektiven Eigentum haben ein staatliches Autokennzeichen.
– Eng ausgelegte soziale Ziele, die nicht die Beziehung zur umliegenden Gemeinde berücksichtigten.

Die UBPCs sind die vorherrschende Organisationsform für die landwirtschaftliche Produktion in unserem Land, aber sie haben nicht die erhofften Resultate gebracht. Zum Thema Rentabilität kann man die Zahlen des Jahresabschlusses 2010 betrachten: 15% der UBPCs schlossen das Jahr mit Verlusten ab und 6% haben noch nicht einmal einen Jahresabschluss vorgelegt. (Delgado & Leyva 2012)

Trotz dieses ungünstigen Umfeldes muss anerkannt werden, dass die UBPCs dazu beigetragen haben, den Rückgang der Agrarproduktion aufzuhalten und im Gegenteil die Agrarproduktion zu steigern. Sie haben erreicht, dass

Kaffeeverarbeitung in den Bergen von Guantanamo

die Selbstversorgung der Genossen*innen durch die Produktion gesichert war und sie haben dazu beigetragen, dass die Versorgung von Schulen, Mütterzentren und anderen Begünstigen aus dem sozialen Unterstützungsnetz durch den Verkauf zu sehr niedrigen Preisen verbessert wurde.

Die Förderung des Kooperativenwesens in der Landwirtschaft

Um das Wirtschaftsmodell Kubas zu aktualisieren, wird jetzt nicht länger gewartet, bis Direktiven erlassen werden, die die Stärkung der Kooperativen und Neugründungen in anderen Wirtschaftsbereichen proklamieren, sondern Organisationen aufgebaut, die mit den sozialistischen Produktionsformen kompatibel sind. Denn die Agrarkooperativen sind die wichtigsten Kooperativen innerhalb des kubanischen Kooperativenwesens. Sie produzieren über 70% der Lebensmittel und bilden eine wesentliche Säule, um die ersehnte Nahrungsmittelsicherheit herzustellen. Trotz des Hin-und Her in der Agrarpolitik, trotz ökonomischer Krisen und trotz fehlender Kooperativenkultur und der Spezifika der kubanischen Wirtschaft, haben es die Agrarkooperativen geschafft, einen wichtigen Beitrag zur Lebensmittelproduktion zu leisten. Deshalb hat sich der kubanische Staat auch die Stärkung genau dieser Kooperativen zum Ziel gesetzt.

Viele der auf dem VI. Parteikongress der PCC verabschiedeten Leitlinien verweisen auf die Stärkung des Landwirtschaftssektors im Allgemeinen und auf die Suche nach dessen neuen Steuerungsmechanismen. Es wird die Gründung von Kooperativen zweiten Grades, d.h. für die Vermarktung, die technische Unterstützung für die Ausdehnung der Landwirtschaft, im Transport-, Industrie-, Verpackungs- und Weiterverarbeitungsbereich angeregt. Außerdem soll u.a. ein integrales Weiterbildungssystem für die Kooperativenmitglieder geschaffen werden, ein Markt für Saatgut etabliert und eine dauerhafte Einbindung und Stabilität der Arbeitsverhältnisse auf dem Land angestrebt werden. Um diese Politik umzusetzen, wurden eine Reihe von Maßnahmen eingeleitet:

- Die Verteilung von brachliegendem Land wird fortgesetzt und bevorzugt die Einbindung von neuen Produzent*innen in die Kooperativen gefördert. Dafür wurden die Gesetzesdekrete 300, 311 und 319 modifiziert.
- Die Vermarktungsmöglichkeiten wurden geändert, so dass Agrarprodukte jetzt auch direkt an Hotels verkauft werden dürfen.
- Die Provinzen Havanna, Artemisa und Mayabeque gelten als Testgebiete für neue Formen der Vermarktung. Dort werden seit 2013 Kooperativen sowohl in der Produktion als auch in der Vermarktung bevorzugt.
- Weiterbildung, Ausbau und Anwendung von Fachwissen und technischen Innovationen erhält einen hohen Stellenwert.
- Die Kooperativen zweiten Grades sollen Aktivitäten entwickeln, die die Wertschöpfung der Produkte und Dienstleistungen zum Wohle der Mitglieder steigern.
- Ein neues Regelwerk für die UBPCs mit 17 Maßnahmen wurde 2012 vom MINAG eingeführt, die eine höhere Autonomie und Unabhängigkeit dieser Kooperativen anerkennt und fördert, die vorher faktisch als hybride Gebilde und nicht als reine Kooperativen geführt werden konnten. Außerdem wurde die Solidarität untereinander bei finanziellen Engpässen ermöglicht.
- Ein weiteres Paket mit 23 Maßnahmen von 2013 zielt auf die bessere Einbettung und die Einführung von gemeinsamen Bezeichnungen sowie die Vereinheitlichung der ökonomischen Regeln, der Sozialversicherungsformen und anderer Regularien für die drei Kooperativenformen, die bisher unterschiedlichen Regeln unterworfen waren.

Obwohl diese Maßnahmen zur Verbesserung der Performance der Agrarkooperativen und insbesondere der UBPCs beitragen, sind sie erst der erste Schritt auf einem langen Weg des Wandels von Prozessen und Mentalitäten.

Für sich genommen sind die Maßnahmen auch noch keine Garantie für Veränderungen, wenn nicht zugleich auch neue horizontale Beziehungen entstehen, die für eine reale Umsetzung sorgen. Andererseits muss dies mit der integralen Herangehensweise und der Perspektive auf Wertschöpfung kombiniert werden, damit auch die erhofften Resultate erzielt werden.

Ausweitung des Kooperativenmodells auf andere Wirtschaftsbereiche

Mit der Stärkung der Agrarkooperativen ging auch eine Aufwertung der Kooperativen in anderen Wirtschaftsbereichen einher, um auch dort die nichtstaatlichen Zweige zu stärken und eine höhere Effizienz und Wirtschaftsproduktivität zu erreichen. Bis zum Mai 2014 wurden insgesamt vom monatlich tagenden Ministerrat 498 Kooperativen genehmigt, die in vier Untergruppen unterteilt wurden (vgl. Piñeiro 2014: 10). 77% sind staatliche bzw. von staatlichen Untereinheiten gegründete Kooperativen; die restlichen 23% gehen auf die Initiative von anderen Personengruppen zurück.

43% gehören in den Bereich Gastronomie, 20% zum Handel und zum Vertrieb von Agrarprodukten und deren Märkten, 14% zum Bereich Bau bzw. Herstellung von Baustoffen und 6% in den Sektor persönliche und technische Dienstleistungen. Die meisten Kooperativen wurden in Havanna (63%), Artemisa (14%), Matanzas (4%), Mayabeque (3%) und Pinar del Río (2%) genehmigt (vgl. Piñeiro 2014: 11).

Die zentralen Expert*innen für den Kooperativensektor jenseits des Agrarbereichs setzen sich für ein allgemeines Kooperativengesetz ein, das eine Institutionalisierung der Kooperativen zum Ziel hat. Durch die Schaffung eines rechtlichen und institutionellen Dachs für die Kooperativen, sollte die Förderung, Konsolidierung, Aus- und Weiterbildung der Mitglieder ermöglicht werden. Denn schließlich sind die Kooperativen mittlerweile innerhalb der kubanischen Wirtschaft nachhaltige und rentable Organisationen, die im Einklang mit dem sozialistischen Projekt stehen. In diesem Sinne bleibt noch viel zu tun, damit die Universitäten mit ihren Ideen und innovativen Vorschlägen die Kooperativenbewegung als ein Schlüsselakteur unserer Entwicklungsstrategie unterstützen können.

Schlussfolgerungen

Zusammenfassend zeigt sich, dass das Entstehen der UBPCs in eine Phase der tiefen ökonomischen Krise zu Beginn der 1990er Jahre fiel. Deshalb war es nicht einfach, die Kooperativen zu gründen und es sind viele Fehler gemacht worden, die im weiteren Verlauf zu Problemen wurden, darunter v.a. die fehlende Autonomie, die dringend nötig gewesen wäre. Deshalb haben die UBPCs, obwohl sie die meistverbreitete Produktionsform im Land sind, nicht die erwarteten Resultate hervorgebracht.

Mittlerweile existiert in Kuba allerdings der Wille, günstige Bedingungen für das Funktionieren dieses Kooperativentyps zu schaffen, der sich in einer Reihe von gegenwärtigen Veränderungen manifestiert: die Anwendung der Leitlinien der Wirtschafts- und Sozialpolitik, die mit den neuen Rahmenrichtlinien für UBPCs eingeführt worden sind und jüngst das vom MINAG vorgeschlagene Paket aus 17 Maßnahmen. Zwar hat die Umsetzung dieser Maßnahmen noch nicht die gewünschte Wirkung gezeigt, was aber einerseits daran liegt, dass sie erst seit kurzer Zeit in Kraft sind und andererseits fehlt es an nötigen Mechanismen, die eine Umsetzung dieser neuen Gesetzeslage möglich machen. Die Expert*innen an den Universitäten sind sich einig, dass eine Verabschiedung eines allgemeinen Kooperativengesetzes, das Handlungslinien für den gesamten Sektor innerhalb unseres Wirtschaftsmodells vorgibt, wünschenswert wäre. Zugleich wäre es sinnvoll, ein Institut für die Konsolidierung und Stärkung der Kooperativen zu schaffen, das die Vorbereitung, Gründung und Begleitung dieser neuen Organisationen zum Ziel hat.

Übersetzung: Anne Tittor und Ulla Sparrer

Literatur

Colectivo Autores. (2013): Miradas a la Economía Cubana. Entre la eficiencia económica y la equidad social. La Habana, Cuba.

Cruz, J. (2008): Confusiones en torno a las UBPC. La Habana, Cuba.

Cruz, J. (2010): Las UBPC ante los nuevos retos de la Agricultura Cubana: Editorial Agroecológica. La Habana, Cuba.

Cruz, J. (2012): Cooperativas en Cuba: participación y contribución al desarrollo económico. Monografía. Facultad de Economía, Universidad de La Habana. La Habana, Cuba.

Delgado, S., & Leyva, A. I. (2012): Medidas para mejorar el funcionamiento de las UBPC. Autonomía básica para la producción cooperativa. Periódico Granma 11.9.2012, S. 4- 5.

Estado, C. d. (Agosto de 2012): Decreto- Ley 142 Sobre las Unidades Básicas de Producción Cooperativa. Compendio de Documentos. La Habana, Cuba: MINAG.

Estado, C. d. (2012): Decreto- Ley 300 Sobre la entrega de Tierras estatales ociosas en usufructo. Gaceta Oficial de la República de Cuba, págs. 1389- 1401.

Estado, C. d. (2013): Decreto- Ley 311 Sobre la entrega de Tierras estatales ociosas en usufructo. Gaceta Oficial de la República de Cuba.

Estado, C. d. (2013): Decreto- Ley 319 Sobre la entrega de Tierras estatales ociosas en usufructo. Gaceta Oficial de la República de Cuba.

González, A. N. (2010): La agricultura en los últimos cincuenta años In O. E. P. Villanueva (Ed.), Cincuenta años de la economía cubana (pp. 192-289). La Habana: Editorial de Ciencias Sociales.

Heredia, R. E. (2009): La empresa (ppt). La Habana, Cuba.

López Labrada, A. (2010): Propuesta de un Sistema de Gestión Integrado para las UBPC. La Habana, Cuba.

Martínez y Puig. (2014): Raúl: avanzamos y seguiremos avanzando, pero sin aceleramientos‖ Juventud Rebelde. 3 de marzo de 2014.

MINAG (2013): Aspectos básicos sobre Gestión Integral Cooperativa, guía para formadores y facilitadores. La Habana, Cuba.

MINAG. (2012): Plan de Medidas Inmediatas para resolver las ataduras que limitan el funcionamiento y la gestión de las UBPC. Compendio de Documentos sobre las UBPC. La Habana, Cuba.

MINAG. (2012): Resolución 574. Reglamento General de las UBPC. Compendio de documentos sobre las UBPC. La Habana, Cuba.

Nova, A. (2009): Línea de desarrollo y resultados de la Agricultura Cubana en los últimos 50 años. La Habana, Cuba.

Piñeiro, C. (2014): Diagnóstico preliminar de las cooperativas no agropecuarias en La Habana. Resumen Inédito. La Habana, Cuba.

Popular, A. d. (2012): Ley 113 Sobre el Sistema Tributario. Gaceta Oficial de la República de Cuba, págs. 1693- 1768..

Stewart, Thomas A. (1997): La nueva riqueza de las organizaciones: El Capital Intelectual, Capital Humano. Obra citada en (Mayo & Zaragoza, 2011, pág. 10)

Thompson, I. (enero de 2006). Concepto de Empresa. Recuperado el 4 de marzo de 2014, de Promonegocios.net:

Ev Bischoff und Klaus Heß

Kooperativen in Kuba

Gespräch über Eindrücke einer gemeinsamen Reise

Ev ist seit vielen Jahren in der Nicaragua-Solidarität und Weltladenbildungs-arbeit aktiv. Sie macht konsumkritische Stadtrundgänge und arbeitet in der Darmstädter Fair-Trade-Town-Steuerungsgruppe mit Schwerpunkt sozial-öko-logischer Beschaffung mit.

Außerdem hat sie ein Solidarisches Landwirtschaftsprojekt ins Leben ge-rufen – international als Community Supported Agriculture (CSA) bekannt. Ev war neugierig, inwieweit sie die dort vorherrschenden Leitgedanken auch in Projekten der Ernährungsproduktion und -versorgung in Nicaragua und Kuba entdecken können würde: das solidarische Teilen von ökologisch hergestellten Lebensmitteln, die gemeinsame Planung von Produktpalette und Finanzierung des Wirtschaftsjahres mit fair bezahlten Landwirt*innen / Gärtner*innen aus überwiegend kleinen Betrieben, die Minimierung von Transportkosten und Verpackungsaufwand durch Direktvermarktung, – kurzum: inwieweit sind or-ganische Anbauweisen, Selbstorganisation, Partzipation und demokratisches Vorgehen auch in diesen beiden Ländern zumindest ansatzweise Bestandteil der Nahrungsmittelproduktion auf deren Weg zur Ernährungssouveränität.

Klaus ist Gewerkschafter, berät Betriebs- und Personalräte in der Durch-setzung von Mitbestimmung und Beteiligungsrechten und verbesserter Ar-beitsbedingungen in den Betrieben und engagiert sich seit den 1980er Jahren in der Nicaragua-Solidarität. Dabei unterstützte er die sandinistische Agrarre-

form durch Brigadeneinsätze, Öffentlichkeitsarbeit und Spendenkampagnen mit vielen Hoffnungen und Erwartungen. Seit den 1990er Jahren begleitete er in der langjährigen Zusammenarbeit mit Partnerorganisationen die mühevolle und tastende Suche nach Selbstorganisation und Selbstbehauptung der kleinbäuerlichen Organisationen, die sich das Recht auf Leben und Arbeiten in Würde gegen einen neoliberalen Staat verteidigten. Heute interessiert ihn das aktuelle Verhältnis dieser kooperativen Organisationen zum staatlichen Agrarmodell und zum privaten agroindustriellen Sektor. In Nicaragua wie in Kuba ist er besonders aufgeschlossen für selbstbestimmte Produktionsformen.

Beide haben auf ihrer einmonatigen Reise in Kuba und Nicaragua 2015 mehrere landwirtschaftliche Betriebe besucht und dabei unterschiedliche Produktionsformen kennengelernt. So gab es Besuche in Kooperativen, die als Basiseinheiten zur kooperativen Produktion (UBPC)[1] organisiert sind, ebenso

---

1   UBPC: span.: Unidades Básicas de Producción Cooperativa

in Landwirtschaftlichen Produktionsgenossenschaften (CPA)[2], in einem Staatsbetrieb (UEB)[3] sowie bei einigen Kleinbäuer*innen, die als Kredit und Service-Kooperative (CCS)[4] oder ohne Kooperativenzugehörigkeit privat arbeiten. Die gesammelten Eindrücke sind demnach keineswegs repräsentativ, waren aber auf alle Fälle hochinteressant.

Interview

Klaus, was waren für Dich die wichtigsten Kriterien bei der Bewertung der besuchten Betriebe?

Klaus: Für mich ist die Arbeitsperspektive ganz entscheidend. So bietet der staatliche Produktionssektor in Kuba ja sicher erst mal ein garantiertes Einkommen, einen sicheren Arbeitsplatz und die Versorgung mit weiteren Dienstleistungen. Allerdings sind die Einkommen und die Produktivität doch oft recht gering, was häufig an der begrenzten Motivation und diese wiederum am niedrigen Grad der Beteiligung und Einbindung der Arbeiter*innen liegt. Bei mir wäre deshalb der Grad der Partizipation an Entscheidungen über Produkte, die Mitbestimmung über Arbeitsbedingungen oder Arbeitsorganisation, der mögliche Wechsel von Arbeitsaufgaben etc. ganz entscheidend, nicht nur zur Demokratisierung der Arbeitsverhältnisse und der sozialen Beziehungen, sondern auch zur Verbesserung der Produktivität und damit der gesellschaftlichen Versorgung.

Ev, welche Eindrücke und Erfahrungen waren für Dich besonders wichtig?

Ev: Es war interessant zu erfahren, dass in den letzten Jahren durch verschiedene Reformen mehr Menschen zu »neuen Bäuer*innen« wurden. Viele von ihnen schließen sich Kooperativen an. Indem sie das zur Verfügung gestellte Land bewirtschaften, kann die Produktionsmenge gesteigert, der Selbstversorgungsgrad erhöht und die Lebensmittelimportabhängigkeit verringert werden.

---

2   CPA: span.: Cooperativas de Producción Agraria– dt.: Landwirtschaftliche Produktionsgenossenschaften
3   UEB: span.: Unidades Empresariales de Base– dt.: Unternehmerische Basiseinheiten
4   CCS: span.: Cooperativa de Créditos y Servicios

Natürlich ist auch die Frage der Produktivitätssteigerung auf den überwiegend agrarökologisch bewirtschafteten Flächen relevant. Es war beeindruckend zu sehen, wie an vielen Orten an Bodenverbesserungsmaßnahmen und der Herstellung von Mitteln zur biologischen Schädlingsbekämpfung gearbeitet wird.

Besonders imponiert hat mir natürlich die Vielfalt der Gemüse produzierenden organopónicos (dt.: Stadtgärten) – seien es die Beete in kleinen Familiengärten und Hinterhöfen in Havanna oder eben auch große Anlagen, wo von uns allen bestimmt die UBPC-Kooperative »Vivero Alamar« als besonderes Leuchtturmprojekt wahrgenommen wurde. Da wird Direktvermarktung schon unglaublich erfolgreich praktiziert.

Klaus: Wir haben da ja auch noch in Baracoa zum Vergleich einen weiteren organopónico kennengelernt, er existiert seit neun Jahren und wird als Staatsbetrieb (UEB) geführt. Jedes der 31 Gewächshäuser war einem Betreuer unterstellt, der entsprechend der Erntemenge entlohnt wurde. Vor der Ernte erhält er einen monatlich gleichmäßigen Vorschuss. Alle Rahmenbedingungen, Anbauprodukte, Löhne, Arbeitsnormen und Verkaufspreise werden staatlich festgelegt; hier gab es wenig Einfluss- und Beteiligungsmöglichkeiten. Die Löhne liegen deutlich niedriger als im Westen Kubas. Die Verteilung an Hotels, Altenheime, Kranken- und Geburtshäuser sowie Kindergärten und Märkte in der Region wird alle drei Monate mit einer ministeriellen Evaluierungs- und Kontrollkommission abgestimmt. Das sichert eine Verteilung nach Bedürfnissen, statt nach den höchsten Gewinnspannen. Was die Mitbestimmungs- und Partizipationsmöglichkeiten betrifft, sieht es da in einer UBPC in der Regel schon besser aus, hier werden neue demokratische Arbeitsformen praktiziert, wie das Beispiel der UBPC Cana sehr eindrucksvoll zeigt – und gleichzeitig reguliert der Staat die Preispolitik sowie die Belieferung mit fortentwickeltem Saatgut, Zuchttieren oder Düngemitteln.

Ev: Das sehe ich auch so – die UBPC-Kooperative Alamar zeigt ja, dass der Vorwurf, diese Kooperativen seien nach wie vor noch zu staatsnah und autoritär gelenkt und deswegen nicht erfolgreich, nicht zutreffen muss. Mehrfach hörten wir, dass dort ein sehr solidarischer Umgang miteinander gepflegt wird, Partizipation und Geschlechtergerechtigkeit wichtig sind, auch Fortbildung und der Kontakt in das Stadtviertel hinein gepflegt werden – beispielsweise durch das Abhalten von workshops in Schulen zum Thema gesunder Ernährung.

Also irgendwie scheint es auch hier wie überall von den im Betrieb arbeitenden Menschen und ihrem Engagement abzuhängen, ob eine Sache erfolgreich ist oder eben nicht.

Bei der Cana-Kokos-UBPC-Kooperative (vgl. den Artikel von Ulla Sparrer in dieser Broschüre) fand ich es im übrigen sehr überzeugend, die kleinen gepflegten Häuser mit den drumliegenden Gemüsegärten der socios und socias zu sehen. Wir hörten ja überall, dass einem Gesetz zufolge, ein möglichst hoher Selbstversorgungsgrad durch landwirtschaftlichen Anbau und Nutztierhaltung innerhalb der Kooperativen realisiert werden soll – das war dort ganz offensichtlich der Fall. Und das totale Kontrastprogramm zu der staatlichen UEB-Gemüsegärtnerei war der direkt davorgelegene Gemeinschaftsgarten. Da haben sich vor einigen Jahren 4 Familien zusammengetan und das Land ihren Bedürfnissen und Arbeitskapazitäten entsprechend aufgeteilt. Das Gelände haben sie von der UEB gepachtet, die 10% des Erlöses erhält. Ansonsten sind sie völlig frei bzgl. Anbau und Umgang mit der Ernte. Der Großteil dient der Selbstversorgung – die Überschüsse werden an der Straße privat verkauft. Das war ein echt selbstorganisiertes Projekt »von unten«.

Klaus: Außer dem staatlichen Betrieb und den beiden UBPC-Kooperativen haben wir ja auch andere Kooperativenformen besucht. Die CPA-Kooperativen existieren deutlich länger und teilen sich gemeinsamen Landbesitz, Arbeitseinsatz und Erträge. Damit sind sie sehr eng aneinander und an das Land gebunden, wenngleich auch sie in staatliche Preisregulative, Lohnnormen und Sozialsysteme eingebettet sind. Bei der von uns besuchten Kakao-CPA hatte ich den Eindruck, dass sie über wenig Ressourcen verfügte.

Die beiden CCS-Kooperativen unterschieden sich auch gewaltig. Die Kakao-Kaffee CCS auf dem Farola-Pass wurde 1984 mit der Landverteilung gegründet. Eigentumstitel am Land sind individuell, auch die meisten Arbeiten werden individuell verrichtet, in Notfällen hilft man sich, und Kredite können nur über die Kooperative beschafft werden. Insgesamt überwog ein individualistisches Bewusstsein, nach dem zuviel Kooperativismus als »Klotz am Bein« verstanden wurde. Demgegenüber haben wir wohl alle am Neujahrstag den CCS-Bauern Martinez Dias anders wahrgenommen.

Ev: Oh, ja der gute Herr Dias hat mich sehr beeindruckt. Zum einen arbeitet er, was den Anbau von Pflanzen anbelangt, gut diversifiziert, stellt auch selbst Tierfutter für seine Schweine her und steht somit wirtschaftlich gesehen auf verschiedenen Standbeinen. Zum anderen hat mir seine Art, wie er über seine Schweine redete, total gefallen. Da war sowohl Achtung als auch Zuneigung den Tieren gegenüber erkennbar – für mich als Vegetarierin war das echt wohltuend.

Und bei ihm habe ich mehr noch als in Alamar eine Identifikation mit seiner Tätigkeit als Bauer und eine hohe Berufszufriedenheit festgestellt – wobei er natürlich durch die finanzielle Unterstützung von zweien seiner in USA lebenden Kinder etwas privilegiert ist.

Eine kurze Zusammenfassung meiner Eindrücke zu machen, fällt mir ehrlich gesagt schwer. Was die Diversifizierung des Nahrungsmittelangebotes und nachhaltige Anbauweise anbelangt, da scheinen mir die Kooperativen schon auf einem guten Weg. Allerdings haben wir keinerlei unmittelbare Erfahrungen sammeln können, welche Strategie von offizieller staatlicher Seite bevorzugt wird.

Was die von mir oben genannten Kriterien wie Partizipation und Selbstorganisation anbelangt, war ich ehrlich gesagt ein bisschen enttäuscht und wohl auch falsch vorinformiert. Irgendwie hatte ich die Vorstellung, dass die »städtische Landwirtschaftsbewegung« weniger stark von Kooperativenzugehörigkeit geprägt sondern autarker und selbstorganisierter ist. Dennoch: es war eine tolle hochinformative Reise für mich.

Klaus: Das war es für mich auch. In den UBPC fand ich Keime für neue Organisationsformen, in denen sich gegenüber dem Staatsbetrieb mehr innerbetriebliche Entfaltungsmöglichkeiten bieten, ohne dass gleichzeitig eine Bereicherung durch Ausnutzung von Marktmacht stattfindet, da ja weiterhin Preise reguliert werden. Interessant auch, dass sich der Staat aus der Produktion zurückzieht, aber auf seiner wissenschaftlichen Grundlage und seinen Möglichkeiten die Rassenzucht, Düngemittelanpassung und Samenentwicklung weiter betreibt. Schade nur, dass wir kein agrarindustrielles Staatsunternehmen zum Vergleich besichtigt haben.

Klaus Heß im Gespräch mit Kai Beutler

Leistungslohn und Gewerkschaften

Die Einführung eines Leistungslohns bzw. Leistungsentgelts[1] in vielen landwirtschaftlichen Betrieben provoziert Erinnerungen an die wirtschaftspolitischen Konzepte der Frühphase der kubanischen Revolution. Das Verständnis des ersten revolutionären Zentralbankchefs und späteren Industrieministers Ernesto Che Guevara vom Sozialismus, welches sich in der kubanischen Revolution lange gehalten hat, setzte auf revolutionäres Bewußtsein und Massenmobilisierung, er kritisierte bürokratische Herrschaft, »materielle Anreize« und die Ausdehnung des Marktes.

Stattdessen wollte er den revolutionären Prozess und den staatlichen Plan vorantreiben. Deshalb wurde der Arbeitslohn vereinheitlicht, er war nun nicht mehr abhängig von Qualität und Quantität der geleisteten Arbeit. Auch die Höhe der Qualifikation sollte kaum noch eine Rolle spielen. Materielle Anreize galten, ganz im Sinne Che Guevaras, als »kapitalistisch«. Vielmehr wurden moralische Stimuli als Arbeitsanreiz eingesetzt. Gleichzeitig wurde die Palette kostenloser Dienstleistungen erweitert. So waren beispielsweise Nahverkehr, Strom, Elektrizität und Telefon kostenfrei. Auf materielle Leistungsanreize wurde dabei verzichtet.

---

1   Leistungsentgelt (früher: Leistungslohn) bezeichnet eine Form des Arbeitsentgelts, bei der nicht die Zeit, während der gearbeitet wird (Zeitlohn), sondern die erbrachte oder zu erbringende Leistung Basis der Entgelthöhe ist.

 *Zuerst habe ich 15 Jahre als Ingenieur gearbeitet. Als ich aber Kinder versorgen musste, reichte das Geld nicht mehr und ich bin Taxifahrer im öffentlichen Dienst geworden. Da verdient man wesentlich besser. Auch ein Chirurg verdient nicht so gut wie ich. Mein Sohn ist Chirurg am Krankenhaus.* Taxista in Habana

Dieser sogenannte »historische Lohn« gilt einigen Wirtschaftswissenschaftler*innen als Vorläufer des Bedingungslosen Grundeinkommens. Die Folge war allerdings ein starkes Absinken der Arbeitsproduktivität und eine allgemeine Verschärfung der Versorgungskrise. Seither wurde der Leistungslohn kontrovers diskutiert, nach 1976 auf osteuropäische Empfehlung hin zwar eingeführt, aber dann in einer Resolution des späteren IV. Parteikongresses kritisiert, da er nicht zur Entwicklung des Landes beigetragen, sondern die Revolution letztlich unterminiert habe.

Seit 2006 betreibt Kuba unter Raúl Castro eine Reformpolitik, die davon ausgeht, dass die Versorgungskrise zwar durch den Zusammenbruch der Sowjetunion und den Wegfall des subventionierten Ostblock-Marktes ausgelöst wurde, ihre Ursachen aber in strukturellen Problemen wie der niedrigen Produktivität der Staatsbetriebe begründet sind. Seither werden private Betriebe für den Dienstleistungssektor und die Kleinindustrie zugelassen sowie Genossenschaften und Kooperativen ausgebaut. Diese Öffnungspolitik, die in Kuba unter »Aktualisierung des wirtschaftlichen Modells« läuft, hat soziale Konsequenzen, sie produziert Gewinner*innen im neu entstandenen Privatsektor und Verlierer*innen bei der Abschaffung von Subventionen und bei der Mehrheit der Lohnabhängigen in den Staatsbetrieben.

Entscheidend bleibt deshalb, ob es gelingt, die Produktivität der Staatsbetriebe zu steigern, denn mit der immer noch auf 2-3% begrenzten jährlichen Wachstumsrate können die sozialen Errungenschaften – Bildung, Gesundheit, Wohnen, Transport etc. – nicht weiter subventioniert werden. Mit dem VI. Parteitag im Mai 2011 wurde ein »florierender und nachhaltiger Sozialismus« als Leitmotiv ausgegeben, in dem die Löhne wieder die Haupteinkommensquelle der Kubaner*innen sein sollen. Wichtige Schlüsselsektoren und -funktionen sollen als Herzstück der Wirtschaft weiterhin beim Staat bleiben. Mit der Unternehmensreform von 2014 dürfen Staatsbetriebe 50% statt bisher 30% ihrer Nettoeinnahmen behalten und eigene Lohnsysteme entwickeln. Während eine zentrale Unternehmensaufsicht die Planung der Wirtschaft übernimmt, können die Betriebsleiter*innen interne Kontrollsysteme und Prämienfonds einrichten und ihre Produktivität durch Einführung und Ausbau von Leistungslöhnen steigern. Diese Trennung von Staats- und Betriebsfunktionen wird seit 2012 in der Zuckerindustrie getestet.

Auch deutsche Arbeitnehmer*innenvertretungen führen eine Debatte über Leistungslohn. Kai Beutler ist Gewerkschafter in Köln und berät Betriebsräte auch bei Themen der betrieblichen Entgeltgestaltung. Wir haben ihn nach der Reise zu seinen Einschätzungen befragt.

Unter welchen Bedingungen befürworten deutsche Gewerkschaften Leistungsentgelt?

Kai: Leistungsentgelt ist nicht grundsätzlich gut oder schlecht. Es hat da seine Vorteile, wo einerseits die persönliche Motivierung nicht funktioniert, andererseits Leistungsregulation durch diesen Entgeltgrundsatz durch die zuständigen Betriebsräte gestärkt wird. Es muss dabei immer einen Einfluss der Belegschaft auf die Leistung und auf die Belastung durch die abverlangte Leistung geben. Die äußeren Produktionsbedingungen wie Naturfaktoren (in der Landwirtschaft) und die Verfügbarkeit von Material, Produktionsmitteln und Informationen müssen gewährleistet oder in der Leistungsdefinition festgelegt sein, um den Arbeitnehmer*innen überhaupt einen Einfluss auf das Leistungsergebnis zu lassen, was bei der Nahrungsmittelproduktion oft durch Wetterschwankungen bis hin zu Naturkatastrophen erschwert wird. Außerdem muss es klare Aufgabenbeschreibungen geben, nach denen auch feststeht, was zur Aufgabe zählt und wie die Ausgangsleistung definiert wird. Schließlich muss es aus gewerkschaftlicher Sicht ein solidarisches Betriebsklima geben, was nicht durch die Einführung des Leistungsentgeltes zerstört wird. Die Erbringung der Leistung muss auch langfristig, in Deutschland bis zum 67. Lebensjahr, die Arbeitsfähigkeit schützen.

Welche Alternativen existieren noch neben der Einführung eines Leistungslohnes zur Steigerung der Arbeitsproduktivität?

Kai: Zuerst einmal die Steigerung der persönlichen Motivation, wenn die Beschäftigten selbst an einem guten Arbeitsergebnis interessiert sind. Dann der Einsatz von besseren Werkzeugen, Methoden oder Maschinen zur Mechanisierung und Rationalisierung der Prozesse. Große Potenziale ohne viel Investitionsbedarf bieten Ansätze, die Arbeitsprozesse zu verbessern und Ressourcen einzusparen, also weniger zu »verschwenden«. Dies geht am besten, wenn die Arbeitnehmer*innen eine aktive Rolle in den Entscheidungsprozessen spielen und ihre Interessen nach guten Arbeitsbedingungen und Beschäftigungssicherung eine angemessene Rolle spielen. Wir sprechen von einem funktionierenden KVP[2]–System, wenn die Beschäftigten intelligenter arbeiten, indem sie selbst alle Möglichkeiten zur Verbesserung der Abläufe nicht nur vorschlagen, sondern auch entscheiden und nutzen können, z.b. zur Verringerung von Belastungen, zur Erhöhung der Arbeitsplatzsicherheit und des Entgelts oder zur Arbeitszeitverkürzung.

Nach unseren Erfahrungen in Betrieben und Unternehmen gilt ganz allgemein, dass durch größere Handlungsspielräume für die Arbeitnehmer*innen, meistens durch die Erweiterung von Aufgabenbereichen und Tätigkeitswechsel Produktivitäts- und Flexibilitätszuwächse entstehen, die sowohl dem Unternehmen als auch den einzelnen Beschäftigten nützen können. Allerdings geht dies oft mit einem Kontrollverlust des mittleren Managements einher, was zu betrieblichen Widerständen führt.

*Wie können Arbeitnehmer*innen materiell an der Steigerung der Arbeitsproduktivität beteiligt werden?*

Kai: In einem kapitalistischen Betrieb gibt es viele Möglichkeiten auf mindestens drei Ebenen: In Deutschland ist die vorrangige Arbeitnehmer*innenbeteiligung durch tarifliche Entgelterhöhungen bzw. Arbeitszeitverkürzungen vorgesehen. Betrieblich gibt es Beispiele von Ergebnisbeteiligungen, etwa durch Gewinnprämien bzw. Tantieme oder Anteil am Vermögen/Kapital (z.B. Belegschaftsaktien). Individuell oder in bestimmten Gruppen oder Abteilungen kann es Produktivitätsprämien geben: Anders als in Modellen der Gewinnbeteiligung sollte es jedoch in jedem Falle eine Abwägung der betroffenen Arbeitnehmer*innen geben, ob sie lieber die Einmalprämie kassieren und danach die Ausgangsleistung steigt. Individuell gibt es Systeme des Betrieblichen Vorschlagswesens mit seinen Individualprämien. Ganz profan sind schnellere Beförderung oder größere Verantwortungsbereiche, also Karriere, und das damit verbundene höhere Grundentgelt gängige Praxis.

Dazu kommen immer noch nichtmaterielle Leistungsanreize, wenn die Arbeit dann z.B. mehr Spaß macht, die eigene Bedeutung zunimmt und das Selbstbewusstsein steigt, wenn erweiterte Handlungs- und Entscheidungsspielräume erfolgreich genutzt worden sind.

---

2   KVP = kontinuierlicher Verbesserungsprozes

Ulla Sparrer

Mit der Kokosnuss in eine bessere Zukunft

Die Kooperative Cane, die in Baracoa Kokosnüsse anbaut, ist ein Beispiel für eine gelungene landwirtschaftliche Organisation in Kooperativenform. Sie ist als eine so genannte »Basiseinheit zur bäuerlichen Produktion« (UBPC)[1] organisiert. Direktor Abrigail hat uns auf der landschaftlich sehr schön am Meer gelegenen und gut gepflegten Kokospalmenplantage herumgeführt. Die Kooperative hat 1993 die Bewirtschaftung der 212 ha vom Staat übernommen. Das Land gehört weiterhin dem Staat, aber die Plantagen-Anlagen, die sonstige Infrastruktur und die Werkzeuge wurden dem Staat abgekauft und in Raten bezahlt.

Die Kooperative baut eine Kokospalme an, die gegen Schädlinge resistent ist. Innerhalb von sechs Monaten wird in einer Baumschule die Pflanze mit ökologischem Dünger herangezogen. Die Pflanze trägt nach fünf Jahren auf unbelastetem Boden, jedoch erst nach acht Jahren auf Boden, auf dem bereits Kokospalmenanbau erfolgt ist. Die Kooperative hat über das Hauptprodukt Kokosnüsse einen Liefervertrag mit dem Staat, der eine bestimmte Menge umfasst. Zusätzlich werden Bananen, Kakao und Gemüse (Kartoffel, Yucca, Salat, Spinat, Tomaten, Kürbisse und mehr) angebaut und Tiere gezüchtet. Beides ist für den Eigenverbrauch der 33 Gesellschafter*innen und für die lokalen Märkte bestimmt.

---

1   UBPC: Unidad Basica de Producción Campesina

UBPC Cane in Baracoa, Kokosnusskooperative

Insgesamt hat die Kooperative in den letzten Jahren eine positive Entwicklung genommen. Die 33 Mitglieder, davon zehn Frauen, erhalten einen Leistungslohn, der sich nach der produzierten Menge richtet. Monatlich erhalten alle einen Abschlag und am Ende des Jahres wird auf der Basis der verkauften Ernteerträge und der individuell produzierten Menge »abgerechnet«. Unter den 33 Mitgliedern gibt es Verwaltungspersonal, einen Tiermediziner und einen Ökonomen. In Zeiten mit hohem Arbeitsbedarf können bis zu sechs Monate Saisonarbeiter*innen gegen Bezahlung eingesetzt werden. Der Rat der Kooperative entscheidet auf den monatlichen Treffen mit einfacher Mehrheit über die anzubauenden Kulturen außerhalb des Hauptproduktes Kokosnüsse, die Arbeits- und Verantwortungsbereiche der einzelnen Mitglieder, alle sonstigen anstehenden Entscheidungen und Konflikte. Die Direktorin/der Direktor wird mit 75% der Stimmen gewählt und kann auch mit dieser Stimmenzahl wieder abgewählt werden. Es werden Sozialabgaben in Höhe von 12% und Steuern in Höhe von 5% der Erträge bezahlt. 10% der geernteten Produkte gehen in die umliegenden Alten- und Kinderheime und Mütterzentren. Die Stimmung unter den Mitgliedern war gut und die Zufriedenheit mit den Erträgen und den Produkten für die Eigenversorgung war hoch.

Anne Tittor im Gespräch mit Roberto Zurbano

Zur Situation der schwarzen Bevölkerung in Kubas Landwirtschaft

Im Januar 2015 war der afro-kubanische Aktivist Roberto Zurbano als Gastwissenschaftler am Center for Inter-American Studies der Universität Bielefeld. Kurz nach der Rückkehr von der Rundreise durch Nicaragua und Kuba hat Anne Tittor ihn in Bielefeld interviewt.

Anne: *Bei unserer zweiwöchigen Reise durch Kuba haben wir viele Bäuer*innen, Angehörige von Kooperativen, Beschäftigte in städtischen Gartenanlagen (span.: organopónicos) und Arbeiter*innen von staatlichen Unternehmen allen Typs getroffen. Bei der Auswertung fiel uns dann auf: Kaum eine Person von ihnen hatte schwarze Hautfarbe. War das purer Zufall, oder gibt es wirklich wenig schwarze Menschen in Kuba, die in der Landwirtschaft tätig sind?*

Roberto: Ich glaube dass das kein Zufall war, sondern Systematik hat, die mit den Dynamiken der kubanischen Gesellschaft zusammenhängt. Kuba fehlt eine Politik aktiven Empowerments für die schwarze Bevölkerung, damit sie in den Räumen der Macht repräsentiert ist. Landwirtschaft ist ein wichtiger Machtbereich. Vielen Bäuer*innen geht es relativ gut, sie haben Zugang zu Land, ein Haus, vielleicht ein Auto oder sogar einen Traktor.

Wir als schwarze Bevölkerung hingegen sind subaltern[1] und sind vor allem Erntearbeiter*innen, Bauarbeiter*innen oder verrichten andere schwere körperliche Arbeiten. Ich glaube, das ist das Erbe der Plantagenökonomie der Karibik. Während der Kolonialzeit wurden Sklav*innen aus Afrika für die Schwerstarbeiten auf Zuckerplantagen, sowie für die Kakao-, Bananen-, und Kaffeeproduktion in die Karibik verschleppt. In den Anfangsjahren der Republik wurden die Mambises[2], die Land hatten, gezwungen, es an US-Unternehmen zu verkaufen, die in dieser Zeit fast das ganze Land aufkauften. Während des sogenannten ›Rassenkrieges‹[3] 1912 wurden den übrig gebliebenen Landbesitzern mit schwarzer Hautfarbe ihre Ländereien entrissen und sie an weiße Einwanderer übergeben – das war damit schon der dritte Versuch das Land »weißer«[4] zu machen.

Heute hingegen gibt es in Kuba viele schwarze Agraringenieur*innen, Tierärzt*innen, Spezialist*innen für Forstwirtschaft; Schwarze sind hoch qualifiziert – aber sie haben wenig Besitz. Der universalistische Diskurs der Revolution hat für alle Menschen mehr Bildungsmöglichkeiten bedeutet, besseren Zugang zu Gesundheit und Sport, aber es gibt ein historisches Erbe der Sklaverei, dass die schwarze Bevölkerung nach wie vor als niedriger qualifiziert eingeschätzt wird – und hier beißt sich die Katze in den Schwanz. Kuba fehlt eine Politik der gezielten Förderung der schwarzen Bevölkerung, damit sie sich aus ihrer subalternen Stellung emanzipieren können. Es gab gezielte Förderpolitiken von Frauen, mit beeindruckenden Ergebnissen: es gibt viele emanzipierte, hochqualifizierte und unabhängige Frauen in allen Bereichen der Gesellschaften – trotz eines starken machismo. Es gab spezifische Förderpolitiken für Frauen, für Analphabet*innen, für die Landbevölkerung, für die Jugendlichen – und jüngst für Homosexuelle.

---

1   Subaltern meint soziale Gruppen, die innerhalb der Gesellschaft eine untergeordnete Stellung haben und ihren Interessen schwer Gehör verschaffen können.

2   Als Mambises bezeichneten die Spanier*innen Guerillakämpfer*innen mit schwarzer Hautfarbe, die für eine Unabhängigkeit Kubas in dem Unabhängigkeitskrieg 1868 bis 1898 kämpften. Der ursprünglich abwertend gemeinte Begriff, wurde später als Eigenbeschreibung positiv umgedeutet. (Anm. AT)

3   Dabei handelt es sich um einen bewaffneten Aufstand der schwarzen Bevölkerung, nachdem der Übergang von der Kolonialherrschaft zur Republik für die Afrokubaner*innen kaum rechtliche, soziale und ökonomische Verbesserungen bedeutet hatte. Der Aufstand wurde von der kubanischen Armee blutig nieder geschlagen. (Anm. AT)

4   Im Original: „blanquear el pais"

Ich selbst bin ein Schwarzer vom Land, aus dem südlichen Umland von Havanna, dort wo eine der größten Zuckerfabriken des Landes steht. Dort gibt es viele schwarze Zuckerarbeiter*innen. Zugleich waren Teile meiner Familie in kleinen Kooperativen organisiert, aber nirgends wurde ein Schwarzer zum Präsidenten der Kooperative gewählt. Auf dem Land gibt es viele Schwarze, früher waren es noch mehr; viele sind in die Randbezirke der größeren Städte migriert, aus Mangel an Arbeitsmöglichkeiten und Perspektiven auf dem Land.

Anne: Wurde während der Landreformen denn kein Land an Schwarze verteilt? Gibt es dazu Zahlen?

Roberto: In den älteren Statistiken wird das Thema Hautfarbe gar nicht aufgeführt; erst seit 1990 gibt es überhaupt Zahlen zur Situation der schwarzen Bevölkerung. Das ist nicht nur in Kuba so, sondern war lange in vielen Ländern Lateinamerikas und der Karibik so. Das macht Diskriminierung und die systematische ökonomische und soziale Schlechterstellung von schwarzen Menschen unsichtbar. Der kubanische Staat möchte diese Realität nicht sehen; hier schreibt sich eine weiße Herrschaftsstellung fort, eine weiße Hegemonie, die sich durch viele Bereiche der Gesellschaft zieht. Es gibt viele Vorurteile gegen Schwarze, vor allem auf dem Land: dass sie Diebe seien, die den Bäuer*innen Tiere und Gemüse stehlen, um sie zu essen oder sie in der Stadt zu verkaufen.

Anne: Welche Mechanismen sorgen heute für das Weiterbestehen dieser Diskriminierung? Wenn ein schwarzer Mensch heute Land pachten will, oder Teil einer Kooperative werden will, wer oder was hindert ihn daran?

Roberto: Heutzutage gibt es in Kuba viele Menschen, die gerne Land pachten würden und Landwirtschaft betreiben würden. Aber man braucht stets Startkapital: für das Saatgut, die Geräte und Maschinen. Du musst die Arbeiter*innen bezahlen, darunter auch Spezialist*innen wie Tierärzt*innen oder eine Bewässerungsanlage. Woher bekommst du dieses Geld? Wenn du Verwandte in Miami hast, oder solche, die hier im Tourismussektor arbeiten, ist das möglich. Von den Banken hier gibt es nahezu keine Kredite, es ist ein furchtbar langer und bürokratischer Prozess. Niemand schafft es aus dem Nichts und ohne Startkapital Landwirtschaft aufzubauen. Im Osten des Landes gibt es ein paar wenige, die es geschafft haben, aber die meisten sind arm geblieben und in die Städte migriert.

Roberto Zurbano

Anne: *Und in den Organopónicos?*

Roberto: In den Organopónicos arbeiten vor allem ältere Menschen, viele Frauen, viele die die Arbeit in Gärten mögen, die den sozialen Austausch suchen. Die gerne ihr eigenes Essen produzieren wollen und gesünder leben wollen. Das sind andere gesellschaftliche Kreise.

Anne: Viele aus unserer Reisegruppe waren zum ersten Mal in Kuba, aber schon oft in anderen lateinamerikanischen Ländern. Viele von uns hatten den Eindruck, in Kuba gibt es weniger Rassismus als in anderen lateinamerikanischen Ländern, gerade weil wir in Kuba sehr viele hochqualifizierte Schwarze mit Schlüsselpositionen aus der Welt der Kunst, Fernsehen, Theater, Musik getroffen haben. Haben wir uns von deren Universitätsabschlüssen täuschen lassen und einen tiefer liegenden Rassismus übersehen?

Roberto: Die Antwort ist sehr einfach: Kuba war eines der wenigen Länder mit einer Revolution – einer popular-demokratischen Revolution und einer sozialistischen Revolution. Es gab eine Überwindung des Analphabetismus, eine massive Bildungsexpansion. Kuba hat nicht mehr nur eine Universität, sondern fünfzig. Bildung war eine zentrale Achse der Veränderung. Bildung, Kultur, Gesundheit, Sport, Wohnen – das sind die fünf wesentlichen Pfeiler. Es gab eine soziale Mobilität der Afrokubaner*innen zwischen den 1950er und den 1980er Jahren im Zuge dieser Revolution. Zuvor gab es bereits nach den Unabhängigkeitskriegen und in den 1930er Jahren wesentliche Fortschritte, was soziale Rechte anbelangt – auf dem Papier zumindest. In den 1990er Jahren kommt diese Aufwärtsmobilität dann zum Erliegen. Denn die Ursache der Ungleichheit kommt zurück – die weiße Hegemonie. Bisher ist es nicht gelungen, die schwarze Bevölkerung als solche und von ihren eigenen Potentialen aus, den Weg der Emanzipation zu öffnen. Den Frauen ist dies als Frauen gelungen, der Landbevölkerung als Landbevölkerung. Die Schwarzen hingegen, haben keine spezifische Identität entwickelt – und auch viele der schwarzen Ingenieur*innen und Wissenschaftler*innen haben kein Bewusstsein oder eine spezifische Strategie diesbezüglich. Ich habe etliche Texte zum Verhältnis des Marxismus und Rassismus geschrieben, wie sich Ungleichheitsachsen in Kuba und anderen Ländern der Karibik artikulieren. In Kuba wird das nicht allzu gern gesehen und es wird versucht, es unsichtbar zu machen. Deshalb ist es wichtig, dass ihr genau diese Fragen stellt.

Anne: *Gibt es heute eine Bewegung von Afrokubaner*innen, die versuchen diese Zustände zu ändern?*

Roberto: Ja, es gibt eine Bewegung, zusammengesetzt aus 15 Organisationen. Die Mehrheit von ihnen aus Havanna, aber etliche auch aus Santiago und Santa Clara. Die Bewegung ist vor allem kulturell verortet, im Hip-Hop, im Blues und im Jazz, orientiert an der Gesetzgebung oder auch an Geschlechterverhältnissen, aber sie ist auch sehr politisch. Es gibt zahlreiche blogs und Internetseiten, wo man sich informieren kann, zum Beispiel:

– Afromodernidades (https://afromodernidades.wordpress.com/)von Alberto Abreu, sowie die Unterstützungskommission der UNEAC[5], die regionale Vernetzung der afrikanisch-Stämmigen[6]

---

5   UNEAC: span.: Unión Nacional de Escritores y Artistas de Cuba – dt.: Nationale Vereinigung der Schriftsteller*innen und Künstler*innen
6   ARAC: span.: Articulación Regional Afrodescendiente de América Latina y el Caribe – dt.: Regionale Vernetzung der afrikanisch-Stämmigen

- Negra Cubana tenia que ser (http://negracubanateniaqueser.com/)
- Comité Ciudadanos por la Integración Racial (http://www.cir-integracion-racial-cuba.org/) und andere, die sich gegen Rassismus engagieren.

Es ist eine interessante und sehr vielfältige Bewegung, sowohl hinsichtlich ihrer religiösen, kulturellen als auch ideologischen Orientierung. Auch wenn es noch keine gemeinsame Plattform gibt, ist die Bewegung sehr aktiv, wenn auch manchmal schwach untereinander vernetzt. Mittlerweile wird es aber immer besser geschafft, den antirassistischen Diskurs innerhalb und außerhalb Kubas sichtbar zu machen.

Anne: Vielen Dank für das Interview.

Das Interview fand auf Spanisch statt, Übersetzung Anne Tittor.

Roberto Zurbano ist Schriftsteller und Literaturkritiker und hat zahlreiche Preise für seine Bücher und Gedichte erhalten. Er gibt die kubanische Zeitschrift für Anthropologie namens Catauro heraus und ist Vorstandsmitglied der regionalen Vernetzung der afrikanisch-stämmigen Bevölkerung in Lateinamerika und der Karibik (ARAC, Articulación Regional Afrodescendiente de América Latina y el Caribe, Capítulo Cubano).

Ev Bischoff

Ökologische Landwirtschaft in Kuba

1. Nach dem Zusammenbruch der Sowjetunion: Die 1990er-Jahre

Der Zusammenbruch des Ostblocks traf Kuba bekanntermaßen sehr hart. Als Gegenleistung für den Export von in Monokultur angebautem Zuckerrohr gab es bis dahin neben Industriegütern auch fossile Stoffe in scheinbar unbegrenzter Menge: Erdöl oder Agrochemikalien wie synthetischer Dünger oder Pestizide.

Kubas Landwirtschaft hatte zu jener Zeit eine mit den westlichen Industrieländern vergleichbare agroindustrielle Struktur. In der nun folgenden »Speziellen Periode« war die Ernährung vieler Menschen gefährdet. Als Reaktion auf die tiefe wirtschaftliche und soziale Krise wurden im Zuge der 3. Agrarreform diverse strukturellen Änderungen durchgeführt – zum Beispiel die Umwandlung großer Staatsgüter in die Kooperativenform ›Basiseinheiten genossenschaftlicher Produktion‹ (UBPC)[1] oder die Eröffnung von bäuerlichen Märkten.

Entscheidender aber war die aus der Not geborene Abkehr von einem auf intensivem Einsatz von Chemie und Technik basiertem Agrarmodell. Ochsen ersetzten nun Traktoren, statt Mineraldünger wurden Gründüngung oder

---

1   UBPC: span.: Unidades Básicas de Producción Cooperativa

Mir haben die zahlreichen agrarökologischen Projekte imponiert und ich hoffe, dass sich dort eine nachhaltige Strategie zur Lebensmittelproduktion durchsetzen wird – ohne Ressourcenzerstörung, wie bei der Agroindustrie. Erschreckt hat mich, wie sehr die Folgen des Klimawandels bereits in beiden Ländern angekommen sind. Das bestärkt mich in meiner Überzeugung, hier im Norden unseren verschwenderischen Lebensstil zu überdenken.

Ev Bischoff, Darmstadt

Kompost eingebracht und es wurde mit biologischen Extrakten anstatt mit synthetisch hergestellten Pestiziden gearbeitet.

Gleichzeitig entstand eine städtische Landwirtschaftsbewegung, wo sich Menschen mit dem Ziel der Selbstversorgung in Hinterhofgärten zusammenschlossen und primär Gemüse und Obst – selbstverständlich »nachhaltig und organisch« – anbauten. Alle verfügbaren Räume in peripheren Stadtvierteln wurden und werden teilweise bis heute genutzt. Für Havanna gibt es Schätzungen, wonach immer noch um die 50.000 solcher »huertos populares« in Form von teilweise sehr kleinen Familien-/Nachbarschaftsgärten existieren. In vielen dieser Gärten legten die Menschen angesichts schlechter Bodenqualität sogenannte »organopónicos« an: Hochbeete, in denen Gemüse organisch angebaut wird. Sehr bald entstand eine institutionelle Begleitung und staatliche Unterstützung solcher Initiativen.

Heute sieht man an den Stadträndern viele als Kooperative organisierte »organopónicos«, wie zum Beispiel die UBPC »Vivero Alamar«. Ziel dieser ökologisch wirtschaftenden Gärtnereien ist es, frisches Gemüse, vor Ort produziert, preisgünstig an die Stadtbevölkerung zu verkaufen.

Wir besuchten auf unserer Reise zwei organóponicos, einen Staatsbetrieb (UEB)[2] sowie eine als UBPC organisierte Kooperative. Urbane Landwirtschaft wird aber auch im Rahmen von CCS[3]- oder CPA[4]-Kooperativen praktiziert.

2   UEB: span.: Unidades Empresariales de Base – dt.: Unternehmerische Basiseinheiten
3   CCS: span.: Cooperativa de Créditos y Servicios – dt.: Kredit- und Dienstleistungs-Kooperative
4   CPA: span.: Cooperativas de Producción Agraria – dt.: Landwirtschaftliche Produktionsgenossenschaften

2. Landwirtschaft heute unter besonderer Berücksichtigung der agrarökologischen Anbauweise seit dem Amtsantritt von Raúl Castro

Um die Selbstversorgungsquote zu steigern und damit die immense Importabhängigkeit von Lebensmitteln zu reduzieren – auch gegenwärtig importiert Kuba noch etwa 70% seiner Lebensmittel für etwa 1,5 Mrd. Dollar jährlich (Kunzmann 2013) – gab es den Worten des bekannten Agrarökonomen Fernando Funes zufolge im vergangenen Jahrzehnt mehrere wichtige Maßnahmen:

– Reduzierung der für den Export genutzten Flächen,
– Erhöhung der für Selbstversorgung bereitgestellten Flächen (aktuell ca. 50% der bewirtschafteten Fläche),
– erhöhte Berücksichtigung von Umweltschutz- und Nachhaltigkeitsaspekten,
– veränderte Bedingungen bzgl. Eigentumsrechte und Verfügbarkeit von Böden (mittlerweile gibt es nur noch auf 20% des Bodens Staatsbetriebe),
– Verringerung der durchschnittlichen Betriebsgröße,
– Dezentralisierung und Verkürzung der Wege von Produzent*innen zu Konsument*innen,
– Diversifizierung: Ausbau der Kulturenvielfalt (Funes 2014)

Hierbei ist und bleibt der organische Anbau ein zentrales Standbein der landwirtschaftlichen Produktion. Denn nach wie vor müssen Agrochemikalien teuer importiert werden und werden fast nur auf staatlichen, für den Export vorgesehenen Flächen eingesetzt – vorzugsweise im Zuckerrohr- und Tabakanbau.

Mittlerweile gibt es viele Akteur*innen oder Institutionen, die den agrarökologischen Anbau aus Überzeugung als eine zukunftsfähige ressourcenschonende Methode propagieren – allen voran die »Nationale Vereinigung der Kleinbäuer*innen« (ANAP)[5], die »Kubanische Vereinigung für Tierproduktion« (ACPA)[6] oder auch die Protagonist*innen des 2001 vom Nationalen Institut für Agrarwissenschaften ins Leben gerufenen »Programms für Innovationen in der lokalen Landwirtschaft« (PIAL)[7]. Allein in diesem auch von ausländischen NGOs unterstützten Programm arbeiten 80.000 kubanische

---

5   ANAP: span.: Asociación Nacional de Agricultores Pequeños
6   ACPA: span.: Asociación Cubana de Producción Animal
7   PIAL: Programa de Inovación Agropecuaria Local

Landwirt*innen. Humberto Rios, ein PIAL-Aktivist, meinte 2011 in einem Interview:« Bei vielen kommt das Umdenken und das ökologische Bewusstsein erst mit der Praxis«(Alba 2011).

Ein weiterer wichtiger Aspekt ist, dass es in Kuba mehr als 30.000 landwirtschaftliche Hochschul- und Fachschulkräfte sowie ein Netz von ca. 300 wissenschaftlichen Zentren gibt. Wenngleich in der Ausbildung meist die konventionelle Anbauweise propagiert wird, existieren doch auch zahlreiche Einrichtungen, in denen teilweise in Kooperation mit europäischen Universitäten zu biologischer Schädlingsbekämpfung oder Maßnahmen zur Bodenverbesserung geforscht wird. Wir besuchten bei unserer Reise eine Forschungsanstalt des Ministeriums der Wissenschaften, Technik und Umwelt (CITMA)[8], wo aus dem Samen des Neembaums pflanzliche Extrakte zur Insektenabwehr hergestellt werden.

Raúl Castro erklärte nach seinem Amtsantritt bereits 2008 die Lebensmittelproduktion zu einer Frage der nationalen Sicherheit, ließ politisch-wirtschaftliche Leitlinien mit dem Ziel der Ernährungssouveränität veröffentlichen und initiierte weitere strukturelle Umbaumaßnahmen. So wurden circa 1,2 Mio. ha Land mit entsprechenden Nutzungsrechten an etwa 150.000 Menschen vergeben (Alba 2011). Diese »neuen Bäuer*innen« bewirtschaften auf nachhaltige Weise mit unterschiedlich großem Erfolg – von Wissen und Ressourcenzugang abhängig – das ihnen vom Staat gegen eine geringe Pacht auf Zeit (mit Verlängerungsoption) zur Verfügung gestellte Land.

Schon 2009 stellte dann die Welternährungsorganisation FAO fest, dass sich die landwirtschaftlich genutzte Fläche in Kuba um 30% ausgeweitet habe. Dennoch gibt es in Kuba bis zum heutigen Tag große brachliegende – häufig auch vom Marabu-Strauch befallene Flächen.

2012 wurde für alle UBPC-Kooperativen ein Gesetz erlassen, in dem ausdrücklich das Konzept einer nachhaltigen Landwirtschaft und der Einsatz von Kompost sowie Biodünger propagiert wird. Die Abnahmepreise für deren Produkte wurden ebenfalls deutlich erhöht.

Aus einer Statistik des Jahres 2011 vom »Anuario Estadístico de Cuba« sind ermutigende Fortschritte zu erkennen. Bei den für die kubanische Bevölkerung traditionell wichtigen Basisnahrungsmitteln (span.: granos basicos) Reis, Mais, Bohnen, Wurzel- und Knollenfrüchten wie Maniok oder Kartoffeln erhöhten sich die Produktionsmengen beachtlich, wenngleich es auch immer

---

8   CITMA: Ministerio de Ciencia, Tecnología y Medio Ambiente

wieder Berichte über unproduktive staatliche Betriebe bzw. UBPC-Kooperativen gab und gibt. 2013 ist die kubanische Landwirtschaft der nationalen Statistikbehörde (ONE)[9] zufolge mit etwa 6% erneut kräftig gewachsen, wobei die Produktionsmenge der o.a. wichtigen Grundnahrungsmittel überproportional gesteigert werden konnte.

Erfreulich ist die Bilanz für die urbane Landwirtschaft: in mehr als 7.000 organopónico-Betrieben arbeiten auf ganz Kuba ca. 350.000 Menschen. An Gemüse wurde 2013 sogar 15% mehr als im Vorjahr geerntet. So kann sich etwa 70% der Bevölkerung von Havanna durch die stadtnahen organopónicos mit Gemüse versorgen – ein wichtiger Baustein auf dem Weg zu einer agrarökologischen Transformation.

Angesichts einer geringen gesellschaftlichen Anerkennung landwirtschaftlicher Arbeit – die Möglichkeit kostenfrei zu studieren, ist besonders für junge Menschen ein hoher Anreiz – gab es in den letzten Jahren zahlreiche Maßnahmen zur Attraktivitätssteigerung wie generelle Lohnerhöhungen oder verkürzte Arbeitszeiten. Dennoch hörten wir in verschiedenen Betrieben mehrfach von einem Arbeitskräftemangel.

3. Ökologischer Anbau in der Praxis:

Besuche auf dem organopónico »Alamar« und auf der Finca Marta von Fernando Funes

a) Organopónico »Vivero Alamar« in Havanna

Die Agrarökologin Isis Salcines war unsere Gesprächspartnerin und berichtete bei der Führung über das Gelände unter anderem: In der 1997 von fünf »Überzeugungstäter*innen« gegründeten Kooperative arbeiten mittlerweile 175 Genossenschaftsmitglieder. Vor allem in den ersten wirtschaftlich schweren Jahren unterstützten ausländische NGOs, wie die deutsche Welthungerhilfe, den Betrieb. Auf mehr als 10 ha werden – teilweise auch in Gewächshäusern – ca. 20 verschiedene Kulturen angebaut. Zahlreiche Kulturen haben pro Jahr drei bis fünf Erntezyklen. Das Gemüse wird direkt vermarktet und in einem Kiosk an jährlich etwa 30.000 Kund*innen verkauft. Es besteht eine enge Verbindung zwischen Produzent*innen und Verbraucher*innen und oftmals dient das Gelände auch als sozialer Treffpunkt.

---

9   ONE: span.: Oficina Nacional de Estadísticas

Juan Machado und Fernando Funes auf der Finca Marta

Die Nutztierhaltung wird primär zur Gewinnung von tierischem Dünger praktiziert. Verschiedene Pflanzenreste werden wiederum an die Tiere verfüttert. Zur Bodenverbesserung werden Leguminosen angebaut. Neben Kompost aus einer Anlage mit Regenwürmern wird auch aus Tierdung und Reisschalen produzierter Dünger verwendet. In einem kleinen Labor erfolgt die Herstellung biologischer Insektizide. Die Beete werden grundsätzlich mit unterschiedlichen Kulturen bepflanzt, die sich in ihren Nährstoffbedürfnissen unterscheiden bzw. komplementär Insekten anziehen oder abwehren. Solche Mischkulturen gehören ebenso wie die Einhaltung von Fruchtfolgen oder Kompostdüngung zu agrarökologischen Praktiken, die wir auch von der biologischen Landwirtschaft in Europa kennen. Für die Bewässerung wurden in Alamar wassersparende Systeme ersonnen. Schließlich beinhaltet das Konzept der Kooperative auch Recycling und ein ausgeprägtes Abfallsammelsystem.

Beeindruckt verließen wir nach zwei Stunden die Kooperative. Wir hatten gesehen: Hier wird nicht nur über Nachhaltigkeit geredet, sondern auch im Rahmen eines durchdachten Gesamtkonzeptes bei großer Kulturenvielfalt ökologisch und ressourcenschonend angebaut.

b) Die Finca Marta von Fernando Funes

Als international angesehener Wissenschaftler und Vizepräsident der Lateinamerikanischen Gesellschaft für Agrarökologie (SOCLA)[10] entschloss sich Funes vor drei Jahren ergänzend zu seiner wissenschaftlichen Tätigkeit an der Uni Havanna ein acht ha großes Gelände zu übernehmen und dort einen ökologischen Vorzeige-Betrieb aufzubauen. Mit Hilfe der bei seinen Vorträgen anfallenden Honorare, einer Tätigkeit bei der FAO und Unterstützung seiner Familie (auch sein Vater war ein Pionier der ökologischen Landwirtschaft und erhielt 1999 zusammen mit einigen Mitstreiter*innen den Alternativen Nobelpreis) konnte er in harter Arbeit mittlerweile viele Dinge realisieren. Das Projekt strebt Energiesouveränität an: Dazu wird aus einem 14 m tiefen Brunnen Wasser hochgepumpt, in einer Zisterne wird Regenwasser gesammelt, zudem bilden Solarzellen und eine Biogasanlage weitere Bausteine des lokalen Energieversorgungskonzeptes.

Mittlerweile leben acht Personen samt Familie von den verschiedenen wirtschaftlichen Tätigkeiten auf dem Finca-Gelände. Damit hat Fernando Funes nach eigener Aussage sechs gutbezahlte Arbeitsplätze geschaffen. Neben zwölf Kühen hält er zahlreiche Bienenvölker, die ihm dank der vielen Obstbäume zu verschiedenen leckeren Honigsorten verhelfen.

Haupteinkommensquelle aber ist der große Gemüsegarten, wo Funes mehr als 50 Kulturen anbaut – teilweise aus selbst gezüchtetem Saatgut. Das Gemüse liefert er zur Zeit an 15 Restaurants sowie an einige Familien in Havanna. Die Nachfrage ist groß, und alle Beteiligten sind – Funes zufolge – an stabilen Beziehungen zwischen Produzent*innen und Verbraucher*innen interessiert. Mehrfach betont Funes, wie wichtig es ist, dass sich die Produktion an der Nachfrage orientiert, so dass beispielsweise nicht, wie wohl schon geschehen, eine viel zu große Menge Kohl ausgeliefert wird.

Die Produktion für Familien würde er gerne noch ausbauen. Jedoch ist die Einzelanlieferung etwas umständlich und es fehlt bisher ein dafür geeignetes Depot. Sollte diese logistische Hürde überwunden werden, möchte Funes – wie er 2014 in einem Interview mit einer österreichischen Student*innengruppe sagte – gern ein Community-Supported-Agriculture-Projekt (CSA) ins Leben rufen. Dieses in Deutschland »Solidarische Landwirtschaft« genannte Konzept erfreut sich zunehmender Anerkennung und Beliebtheit.

---

10   SOCLA: span.: Sociedad Latinoamericana de Agroecología

Funes hofft, in wenigen Jahren seine Investitionen wieder eingenommen zu haben, um damit auch anderen Bäuer*innen zu zeigen, dass eine agrarökologische dezentrale Wirtschaftsweise funktioniert und ökonomisch rentabel ist. Er überzeugt durch seine leidenschaftliche Redeweise und wir glauben ihm gern, dass es für ihn ein Herzensanliegen ist, anderen Agrarproduzent*innen die biologische Wirtschaftsweise näher zu bringen.

4) Fazit und Ausblick

Zusammenfassend lässt sich feststellen: Das Erreichen einer erhöhten Selbstversorgungsquote ist angesichts der anhaltenden Lebensmittelimportabhängigkeit ein wichtiges Ziel der kubanischen Politik, wobei ressourcenschonende Anbauweisen als wichtiger Teilbereich der Landwirtschaft gefördert werden. Angesichts geringer Löhne ist das »Libreta-System«[11], bei dem Reis, Bohnen, Speiseöl, Zucker, Eier und etwas Fleisch – für bestimmte Zielgruppen auch Milch – staatlich subventioniert, aber in nicht ausreichender Menge ausgegeben werden, für viele ärmere Menschen, die nicht von der konvertiblen CUC-Währung profitieren können, eine unverzichtbare Hilfe. Generell muss in Kuba jedoch niemand hungern: die verfügbare Nahrungsmittelmenge erlaubt jedem der 11 Millionen Einwohner*innen schon seit einigen Jahren wieder eine tägliche Kalorienzufuhr von 3.200 kcal – während sich die Menschen in den 1990er-Jahren mit weniger als 2000 Kalorien begnügen mussten (vgl. Clausing 2010, Ergas 2013).

Angesichts der zunehmenden Gemüse- und Ackerfrüchtenachfrage spielt die urbane, überwiegend als Ökolandbau betriebene Landwirtschaft eine wichtige Rolle. 2014 soll die städtische Landwirtschaft landesweit eine Gemüseversorgung von 70% erbracht haben.

Dass das Thema in Regierungskreisen nach wie vor hohe Priorität hat, zeigte auch der im April 2015 in Havanna abgehaltene zweite internationale »Kongress zur urbanen, suburbanen und familiären Landwirtschaft«. Der kubanische Landwirtschaftsminister Gustavo Rodriguez betonte auf der Abschlussklausur, welch wichtigen Beitrag dieser Wirtschaftsbereich, in dem ausschließlich ökologisch gearbeitet wird, für die Selbstversorgung der Bevölkerung leistet (Sack 2015).

---

11   libreta: Zuteilungsheft für rationierte Lebensmittel

Jene in der Landwirtschaft Beschäftigten (ca. 10% aller Erwerbstätigen), die 2012 knapp 4% zum BIP beitrugen, dürften nach unseren Informationen zu dem relativ besser bezahlten und versorgten Bevölkerungsanteil gehören (Hildebrand 2014) Zertifizierungen, wie bei uns im Biosektor üblich, gibt es auf Kuba nicht – u.a. aus Kostengründen. Folglich ist auch eine klare Definition bezüglich ökologischer Standards nicht möglich. Nur einige für den Export und Fairen Handel bestimmte Waren wie Kaffee, Kakao, Honig, Zitrusfrüchte oder Rum erhalten eine Zertifizierung.

In einem Beitrag aus dem Jahr 2009 für die Zeitschrift ila sieht auch Miguel Altieri ein großes Potential für die ökologische Landwirtschaft in Kuba: »Wenn alle bäuerlichen Betriebe (ca. 25% der Anbaufläche) und alle Kooperativen UBPC (ca. 42% der Anbaufläche) mit diesen diversifizierten agrarökologischen Systemen produzieren würden, könnte Kuba nicht nur seine 11 Mio. Einwohner*innen selbst ernähren, sondern auch die Versorgung der Tourist*innen mit den nötigen Nahrungsmitteln gewährleisten: darüber hinaus könnte exportiert werden, um Devisen zu erwirtschaften. Diese Produktion würde durch die urbane Landwirtschaft ergänzt, die bereits erstaunliche Produktionsergebnisse zeigt.« (Altieri 2009)

Wir Kubareisende teilen überwiegend Altieris Einschätzung, denn angesichts guter Voraussetzungen bezüglich Fläche und Klima (trotz Zunahme von Hurrikans als Folge des Klimawandels) sowie eines hohen Bildungsniveaus der Bevölkerung müsste eine deutlich höhere Selbstversorgungsquote in Richtung Ernährungssouveränität schon in naher Zukunft realisierbar sein.

Auch Lysandra Palenzuela Ferrera, Wirtschafts-Professorin an der Uni Havanna, stimmt in einem Gespräch mit uns der These zu, dass der Spielraum in Sachen Selbstversorgung noch längst nicht ausgeschöpft ist. Sie meint aber, da viele Böden in einem schlechten Zustand sind und Wasserversorgungsprobleme zunehmen, dass Kuba sich maximal »nur« zu 70% selbst versorgen könne – immerhin eine deutliche Steigerung gegenüber aktuell 30%.

Welche Rolle wird nun zukünftig die ökologische Landwirtschaft in Kuba spielen? De facto gibt es eine Dominanz der konventionellen Anbauweise in exportorientierten Staatsbetrieben und eine generelle Offenheit staatlicher Stellen gegenüber dem Anbau gentechnisch veränderter Pflanzen. Vor diesem Hintergrund äußert sich Fernando Funes zu unserer Frage wie folgt. Er meint, besonders da, »wo Geld ist«, eine Rückkehrtendenz zur konventionellen Landwirtschaft zu beobachten. Da bei den staatlichen Stellen bisher eine Durchdringung der Diskussion zugunsten des organischen Anbaus fehlt, sieht er in den seit kurzem erleichterten Möglichkeiten für Auslandsinvestoren ein gewisses Bedrohungspotential. Als renommierter international anerkannter Wissenschaftler wird sich Fernando Funes weiterhin durch Wort und Tat für ein ressourcenschonendes zukunftsfähiges agrarökologisches landwirtschaftliches Anbaukonzept in Kuba und anderswo einsetzen.

Angesichts Klimawandel, Wetterextremen, Peak Oil, erheblichen Lebensmittelpreisschwankungen und einer damit verbundenen Vulnerabilität ist eine Relokalisierung der Lebensmittelproduktion nicht nur für ein Land wie Kuba ein wichtiger Meilenstein auf dem Weg zu Ernährungssouveränität.

Auf den auch bei uns häufig gehörten Einwand, die Produktivität der ökologischen Landwirtschaft sei für eine umfassende Versorgung der Bevölkerung unzureichend, haben mittlerweile schon zahlreiche Fachleute kompetent gekontert – seien es die Autor*innen des Weltagrarberichts oder Prinz von Löwenstein in seinem überzeugenden Buch »food crash«. Demnach können vor allem Forschung und Investitionen in lokal angepasste Technologien dafür sorgen, dass die Landwirtschaft nicht weiterhin mit mehr als einem Drittel des weltweiten Treibhausgasausstoßes einer der Hauptverursacher des Klimawandels bleibt. Vielmehr ist es unsere Aufgabe, unseren Planeten durch eine »enkeltaugliche« Anbauweise auch für zukünftige Generationen zu erhalten – im Norden wie auch in den Ländern des globalen Südens.

Literatur

Alba, Oskar (2011): Ochsen brauchen keinen Diesel in: www..fr-online.de/politik/kuba-ochsen-brauchen-keinen-Diesel.1472596,11025900.html, Zugriff: 4.3. 2015

Altieri, Miguel (2009): Das Paradox der cubanischen Landwirtschaft. Überlegungen zur ökologischen Landwirtschaft auf Cuba, in: ILA Nr. 328, September 2009, Bonn, S. 20-22.

Clausing, Peter (2010): Kubas grünes Projekt, in: Junge Welt 5.5.2010. Berlin

Ergas, Christine (2013): Cuban Urban Agriculture as a Strategy for food Sovereignty, in: monthly review, monthlyreview.org/2013//03/01/cuban-urban-agriculture-as-a-strategy-for-food-sovereignty, Zugriff: März 2015

Funes, Fernando (2014): »Ernährungssicherung und nachhaltiger Anbau«, Vortrag am 24.5 2014 in der KHG in Frankfurt/Main

Kunzmann, Marcel (2013) : Neues Landwirtschaftsmodell in Kuba in: amerika21, in: https://amerika21.de/print/93347, Zugriff: 28.3. 2015

Sack, Kerstin (2015): Kuba – Städtische Agrarwirtschaft mit großem Erfolg, in: amerika 21, in: https://amerika21.de/print/118888, Zugriff: 21.4.2015

Weis, Jorge (2009): Ochsen statt Traktoren, in: ILA Nr 328, September 2009, Bonn, S. 23-24

Klaus Heß

Weltmarkteinbindung und Öffnung Kubas am Beispiel der Zuckerproduktion

Kuba war früher weltweit der wichtigste Zuckerproduzent und -exporteur. Zuckerrohrmonokultur und -export prägten die Wirtschaft vor der Revolution. Nach 1959 nahm die UdSSR anstelle der USA einen Großteil des Rohzuckers ab. Die Zuckerwirtschaft, nun als Basis der Industrialisierung gedacht, blieb dominierend und lieferte bald 50% des Bruttoinlandsproduktes. Der 1969 von Fidel Castro initiierte Kraftakt, 10 Mio. Tonnen Zucker (die kubanische »Zuckeratombombe«) zu erzeugen, brachte zwar einen Teilerfolg (8,5 Mio t), allerdings zum Preis schwerer Verwerfungen in der übrigen Volkswirtschaft. Die Zuckerexporte Kubas stiegen im Verlauf der nächsten Jahre von 4,95 Mio. t (1959) auf 8 Mio t (1989). Der gesicherte Absatz eines Großteils des Zuckers im Comecon (ehemaliger Ostblock) zu weit über dem Weltmarktniveau liegenden Preisen und der finanziell begünstigte Bezug von Technik und Betriebsmitteln stabilisierten den Zuckersektor, überdeckten aber auch seine Effizienzprobleme wie niedrige Flächenleistung und Ernteerträge. 1988 wurde auf 1.758.000 ha der besten Böden (60% der kultivierten Fläche) Zuckerrohr angebaut und damit knapp 8 Mio t Rohzucker erzeugt. Diese Menge fiel jedoch auf ca. 3,5 Mio Tonnen in den Jahren 1994 und 1995. Gründe für die Abnahme der Zuckerproduktion waren die Auflösung des sozialistischen Lagers (Comecon), Umwelteinflüsse, die Finanzkrise, eine ineffiziente Bürokratie, die Nachlässigkeit einiger leitender Verantwortlicher und die vorherrschende

Zuckerfabrik in Guantanamo

Wirtschaftsblockade durch die USA. Allein im Jahr 2002 wurden mehr als die Hälfte der Zuckermühlen geschlossen. Deren Zahl sank von ehemals 155 auf 61. 60 Prozent der bisher für Zuckerrohr bestimmten Anbaufläche wurden anderen landwirtschaftlichen Kulturen zugeordnet. Kubas Zuckerproduktion von 1,1 Mio t (2010) war die niedrigste seit dem Jahr 1905. Um den Eigenbedarf von 700.000 t abdecken und langfristige Exportverpflichtungen gegenüber China erfüllen zu können, musste sogar Zucker importiert werden. Die Anbaufläche ging auf 500.000 ha zurück. Auf über 1 Mio ha wucherten nun Unkraut und »Marabú«, ein sich überall ausbreitendes Dornengebüsch. Mit dem radikalen Einschnitt in der Zuckerwirtschaft gingen 100.000 Arbeitsplätze verloren. Im gleichen Zeitraum sind die Erträge pro Hektar von 60 t (1988) auf 30 t (2010) zurückgegangen; sie steigen gerade erst wieder auf 40 t pro Hektar. Zum Vergleich: Nicaragua produziert 98 t pro Hektar, Deutschland 80 t pro Hektar. Die niedrigen Erträge werden auch durch den geringeren Pestizideinsatz erklärt. 400.000 von 2 mio t werden nach China exportiert, danach folgen Spanien, die Karibik, Zentral- und Südamerika. Ein wenig wird auch in arabische Länder geliefert. 15.000 bis 16.000 t werden im Inland verbraucht. Der Preis ist von 27 Cent auf 15 bis 17 Cent gefallen.

Arbeitsbedingungen in der Zuckerindustrie

In der kubanischen Zuckerindustrie wird zu 70 bis 80 Prozent mit Maschinen gearbeitet, die restliche Arbeit sollte auch maschinisiert werden. Von Hand ist die Arbeit sehr hart, nahezu unmenschlich. Abbrennen ist wegen der Mikroorganismen absolut verboten. Nach dem Schneiden des Zuckerrohrs müssen die Erträge innerhalb eines Tages weiterverarbeitet werden.

In der Zuckerproduktion sind die Kredit- und Dienstleistungs-Genossenschaften (CCS)[1] am rentabelsten. Aktuell stellt sich die Frage, wie die Zuckerproduktion effizienter gemacht werden kann; durch neue Züchtungen oder mittels Rationalisierungen in den Fabriken oder gar durch gentechnisch veränderte Pflanzen? Im Osten Kubas verkörpert die Senkung der Kapitalintensität und die Beschäftigung möglichst vieler Arbeiter*innen das Interesse des Staates bei der Zuckerernte. Dort gibt es viele unbeschäftigte Arbeitskräfte, die der Staat lieber beschäftigt, anstatt Maschinen einzusetzen. Im Westen ist es umgekehrt, dort fehlen Fachkräfte und der Staatsbetrieb setzt Erntetechnik ein.

Perspektiven der zuckerverarbeitenden Industrie

Im September 2011 beschloss Kubas Ministerrat die Auflösung des 1964 geschaffenen und ursprünglich einflussreichen Zuckerministeriums (MINAZ)[2], dessen Aufgaben die neue staatliche Holding-Gesellschaft (AZCUBA)[3] übernahm. AZCUBA unterstehen 13 regionale Zuckerunternehmen und 14 weitere Firmen, unter anderem für den Export von Zucker, den Import von Ausrüstungen, Forschung und Entwicklung sowie diverse Dienstleistungen und Beteiligungen. Die regionalen Unternehmen betreiben insgesamt 56 Zuckerfabriken sowie rund 30 Fabriken für Alkohol und andere Nebenprodukte (vgl. GTAI 2013). Die Auflösung des Ministeriums und die Übertragung der Aufgaben sind ein Versuch, den kriselnden Zuckersektor neu zu organisieren und

---

1   CSS: span.: Cooperativa de Créditos y Servicios
2   MINAZ: span.: Ministerio del Azúcar – www.ecured.cu/index.php/Ministerio_del_Az%C3%BAcar
3   AZCUBA: span.: Grupo Azucarero – 2011 gegründet – www.ecured.cu/index.php/Azcuba

Zuckerrohrernte in Guantanamo

wieder zu beleben. Mit langfristigen Modernisierungsmaßnahmen, mehr Effizienz, neuen Technologien, ausländischen Direktinvestitionen – vor allem in Hinsicht auf die Gewinnung von Energie – soll der defizitäre Zuckersektor wieder profitabel gemacht und damit Exporterlöse für Devisen erzielt werden (vgl. EFECOM 2011).

Anfang 2012 wurde die Zuckerindustrie für ausländische Direktinvestitionen geöffnet. So erhielt die brasilianische Firma Odebrecht das vertragliche Recht, für 10 Jahre die Zuckerfabrik bei Cienfuegos zu führen. Seit 2010 steigen die Erträge erstmals wieder und erreichten in der Saison von 2011 bis 2012 rund 1,4 Mio t. Ziel ist es, die Zuckerproduktion ab 2012 jedes Jahr um 20% zu steigern um im Jahr 2015 2,4 Mio t Zucker zu produzieren, auch mithilfe ausländischer Investoren (vgl. GTAI 2013). Eine künftige Schlüsselrolle sollen Biomasse-Anlagen spielen, welche die Verbrennung von Bagasse (Zuckerrohrresten) zur Stromerzeugung nutzen. Allerdings sind die eingesetzten Kessel mit weniger als 28 bar Druck sehr ineffizient und decken in der Regel lediglich den Bedarf der Zuckerfabrik ab (vgl. Buerstedde 2014). AZCUBA plant, in den kommenden sieben Jahren zehn Biomasse-Anlagen zu installieren. Mit Technologie und Kapital aus Brasilien soll künftig Ethanol erzeugt werden, eine potenziell neue Exportlinie. Auf äußere Einflüsse wie z.B. den Ölpreis, soll flexibler als bisher reagiert werden können.

Das Zuckerrohr, das den Brennstoff (Bagasse) für seine Verarbeitung selbst liefert und in erster Linie für die Energiegewinnung in den Zuckerfabriken selbst verbrannt wird, soll in Zukunft komplexer genutzt werden, auch für die Herstellung von Futtermitteln und industriellen Ausgangsstoffen. Mittlerweile ist bekannt, dass Zucker nicht das rentabelste Produkt ist, sondern die weiterverarbeiteten Produkte wie Alkohol. Sehr rentabel ist zudem die Energieerzeugung mit Derivaten, der Zucker selbst ist der weniger interessante Teil. Weiterverarbeitete Produkte erwirtschaften einen höheren Mehrwert. Derivate können in der Leichtindustrie verwendet werden, zum Beispiel in der Herstellung von Arzneimitteln. Es gibt circa 150 Produkte, die aus Zucker hergestellt werden, darunter organische Pestizide oder Papier.

Die heute 49 kubanischen Zuckerfabriken könnten 4 Mio t Rohzucker produzieren. Bis 2018 sollen 668 Mio. US-Dollar in die Zuckerwirtschaft investiert werden. Nach Angaben von Amando Nova hat Kuba seit 1990 auf Ernährungssouveränität gesetzt. Anstatt weiter für den Weltmarkt Zucker zu produzieren, wurde der Zuckeranbau reduziert und mehr auf Bohnen und Reis gesetzt. Doch da Kuba Devisen braucht, ist die Steigerung des Exports von Zucker, Rum und Kaffee weiterhin ein wichtiges Ziel der Wirtschaftspolitik.

Kubas Wirtschaftspolitik nach der Öffnung

Mit den angekündigten Verbesserungen in den Beziehungen zwischen USA und Kuba zum Jahreswechsel 2014/2015 sind auch kurzfristige ökonomische Impulse zu erwarten. Allein die Kosten der US-Blockade für Kuba bezifferten sich auf 117 Mrd US-Dollar. Das Wirtschaftswachstum soll von 1,3% (2014) auf 4% in 2015 steigen. Der bisherige Haupthandelspartner Venezuela schwächelt aufgrund niedriger Ölpreise. Aus den USA werden nicht nur verdoppelte Tourist*innenströme, sondern auch billige Importe von US-Agrarprodukten erwartet. Statt 150 Mio US-Dollar für Getreide aus Europa zu bezahlen, könnte Kuba dieses für einen Drittel des Preises aus Kansas beziehen. Die Rolle ausländischer Direktinvestitionen soll im Rahmen des neuen Modells gestärkt werden. Im Januar 2014 wurde in Mariel der modernste Frachthafen der Karibik eröffnet, der von der brasilianischen Baufirma Odebrecht ausgeführt wurde. An ihn sind Sonderwirtschaftszonen angegliedert, die mit niedrigen Zöllen und günstigen Steuern Investoren aus Pharmazie, Industrie und Hochtechnologie anlocken sollen. Ein neues Gesetz über ausländische Direktinvestitionen im Frühjahr 2014 weist ausländischen Investitionen in strategischen Sektoren, darunter erneuerbare Energien, Landwirtschaft und Lebensmittelindustrie, eine wichtige Rolle zu. Hier ist Brasilien führend, beim Ausbau des kubanischen Energiesektors, in der Modernisierung des Zuckersektors und (als Verbindung) in der Stromerzeugung mit Bagasse aus der Zuckerverarbeitung. Die Krise in Venezuela hat bisher keine Auswirkungen für das Land, da Kuba auch gute Beziehungen zu anderen Erdölstaaten wie Brasilien, Russland, Angola und Algerien hat. Neben den 40.000 Kubaner*innen in Venezuela –Krankenschwestern, Ärzt*innen, Lehrer*innen – sind mittlerweile weitere 11.000 kubanische Ärzt*innen in Brasilien im Einsatz – zum Austausch für Ölimporte!

Literatur

Buerstedde, Peter (2014): Kuba setzt verstärkt auf erneuerbare Energien. Von 4% auf 22% der Stromerzeugung bis 2020 (28.11.2014), in: http://www.gtai.de/GTAI/Navigation/DE/Trade/Maerkte/suche,t=kuba-setzt-verstaerkt-auf-erneuerbare-energien,did=1124100.html [3.8.2015].

EFECOM (2011): Raúl Castro crea grupo empresarial AZCUBA en sustitución de Ministerio Azúcar, in: http://www.invertia.com/noticias/articulo-final.asp?idNoticia=2599508 [3.8.2015].

GTAI (2013): Kuba plant zehn Biomasse-Anlagen für die Zuckerindustrie. Anlagen sollen Zuckerrohrabfälle, Marabuholz und Reisschale verbrennen können, in: http://www.gtai.de/GTAI/Navigation/DE/Trade/Maerkte/suche,t=kuba-plant-zehn-biomasseanlagen-fuer-die-zuckerindustrie,did=865220.html [24.7.2015].

Franzisca Stern

Ernährungssicherheit und Empowerment von Frauen in Nicaragua

Seit 2009 besitzt Nicaragua ein »Gesetz zur Ernährungssicherheit und Souveränität«, durch welches allen Nicaraguaner*innen ein Recht auf eine gesunde und ausgeglichene Ernährung garantiert werden soll. Laut Daten der Weltbank leiden ca. 19% der Bevölkerung, d.h. mehr als eine Million Menschen in Nicaragua an Unter- bzw. Mangelernährung (vgl. Oxfam 2012). Dabei verfügt Nicaragua theoretisch über ausreichend Lebensmittel, um die Bevölkerung zu ernähren, allerdings ist für unterschiedliche Bevölkerungsgruppen der Zugang zu diesen nicht immer gewährleistet. So leidet vor allem die ländliche Bevölkerung an Unterernährung, insbesondere Kinder und Frauen. Dass gerade Frauen im Vergleich zu Männern besonders an Unterernährung leiden, hat komplexe Ursachen. Es hängt damit zusammen, dass Frauen, insbesondere auf dem Land, weiterhin von Macht und Entscheidungen ausgeschlossen sind, obwohl sie einen wichtigen Beitrag zur Ernährung der Familie und Gemeinschaft leisten.

Ein entscheidender Grund für diese ungleichen Machtverhältnisse zwischen Männern und Frauen sind die patriarchalen und machistischen Strukturen, die tief in der nicaraguanischen Gesellschaft verankert sind und auch die staatlichen Institutionen durchziehen. Nach diesem machistischen Rollenverständnis wird die Frau als dem Mann unterlegen angesehen, oft sogar als Eigentum des Mannes. Die Frau soll die traditionellen Rollen im Haus-

Die Frauen tragen eine dreifache Last, die Hausarbeit, die Versorgung und Erziehung der Kinder, und darüber hinaus müssen sie ihre Ernährung sichern. Logischerweise liegt ihnen das Wohl und die gesunde Ernährung ihrer Kinder am Herzen. Letztlich geht diese Überlastung auf Kosten der Frauen, die dann eigene Interessen zurückstellen, um arbeiten zu können, ihre Kinder zu versorgen, sich um die Schule zu kümmern und vielleicht auch noch Gemeindeaktivitäten zu unterstützen.

Astrid Herrera und Giveth López
CUCULMECA, Jintotega

halt und in der Kindererziehung übernehmen und nicht selbständig sein. Oft führt diese Denkweise auch zu unterschiedlichen Formen von Gewalt gegen Frauen, gegen die sich die Frauen nur schwer wehren können und denen auch von staatlicher Seite wenig entgegengesetzt wird (siehe Kasten zu Gewalt gegen Frauen).

Besonders in ländlichen Regionen führen diese ungleichen Machtverhältnisse dazu, dass Frauen häufiger von Armut und Arbeitslosigkeit betroffen sind als Männer und seltener eine gute Arbeit und Ausbildung besitzen. Zudem haben sie weniger Zugang zu Krediten und schlechteren Zugang bzw. überhaupt Recht auf Landbesitz als Männer. Unter den ländlichen Frauen sind alleinerziehende Mütter besonders häufig von diesen Problemen betroffe[1]. Diese Faktoren führen insgesamt dazu, dass Frauen aus ländlichen Regionen, mit hoher Wahrscheinlichkeit an Unter- oder Fehlernährung leiden.

Dabei leisten Frauen einen wichtigen Beitrag zur Ernährung ihrer Familie und allgemein zur Nahrungsmittelproduktion auf dem Land. Dieser Beitrag wird leider von der Gesellschaft kaum gewürdigt. Zahlreiche Untersuchungen, z.B. der Weltagrarbericht oder Studien der Welternährungsorganisation FAO[2]

---

1   In Nicaragua gibt es eine sehr hohe Zahl alleinerziehender, häufig sehr junger Mütter, was sich nicht zuletzt auch auf die hohe Zahl von Vergewaltigungen zurückführen lässt.

2   FAO: engl.: Food an Agriculture Organization

belegen zudem, dass eine Verbesserung der Ernährungssituation der Familie mit dem Zugang der Frauen zu Einkommen und Handlungsmacht zusammenhängt, da Frauen im Vergleich zu Männern einen höheren Anteil ihres Einkommens in die Ernährung der Familie investieren (vgl. FAO 2015). Daher fordern diese Organisationen u.a., dass Bedingungen geschaffen werden, damit Frauen mehr Mitspracherecht und mehr Handlungsmöglichkeiten erhalten, eigenes Einkommen generieren können und vor allem mehr Zugang zu Land bzw. Landtiteln bekommen.

Doch bisher gestaltet sich für die Frauen in Nicaragua der Zugang bzw. das Recht auf Land sehr problematisch. Laut Oxfam sind nur 14,6% aller Besitzer*innen von Land Frauen (vgl. Oxfam 2012: 94). Laut Angaben des IV. nationalen Agrarzensus CENAGRO[3] waren 2011 23% des genutzten Landes in der Hand von Frauen; allerdings erfragt dieser Zensus nicht, wem das Land gehört, sondern wer es nutzt. Es muss bei Landfragen immer unterschieden werden zwischen dem Zugang und dem Recht auf Land. Der Zugang auf Land gibt einer Person die Möglichkeit ein Stück Land zu bearbeiten, was aber nicht impliziert, dass er bzw. sie ein Recht auf das Land hat und darüber bestimmen kann. So würde das Recht auf Land z.B. bedeuten, die Freiheit zu haben das Land zu verpachten, das Land als Ressource zu nutzen und selbst entscheiden zu können, was dort angebaut wird, und einen rechtskräftigen Landtitel zu besitzen.[4] In Nicaragua haben die ländlichen Frauen mehr Zugang als Recht auf Land, obwohl die nationale Gesetzgebung festlegt, dass auch Frauen ein Recht auf Land haben. Der institutionelle Rahmen des Landes, sowie die machistische und patriarchale Kultur in Nicaragua begünstigen weiterhin die Männer beim Besitz auf Land. So kann es z.B. sein, dass eine Frau durch ihre Familie Land erbt, aber dieses dann durch ihren Ehemann kontrolliert wird. Somit verliert sie das Recht, für sich selbst über diese Ressource zu entscheiden.

Dabei ist Nicaragua eines der ersten Länder in Lateinamerika gewesen, das Frauen, im Zuge der sandinistischen Revolution, Recht auf Land gewährte. Zwischen 1981 und 1990 bekamen viele Frauen Land durch die Agrarreform: 8% der individuellen Landtitel und 11% der kollektiven Landtitel gingen an Frauen. 1995 gab es einen weiteren Fortschritt in Bezug auf das Recht auf Land für Frauen. Es wurden gemeinsame Landtitel für verheiratete oder in

---

3   CENAGRO: span.: Censo Nacional Agropecuario
4   Für indigene Gruppen in Nicaragua gilt eine andere Kategorie des Besitzes/Eigentum von Land. Indigene Landrechte können leider in diesem Artikel nicht berücksichtigt werden, obwohl dies eine hochinteressante Thematik wäre

Gemüsegarten im Hinterhof Projekt von CAPRI, Managua

Partnerschaft lebende Paare vergeben.[5] Das führte dazu, dass mehr Frauen Landtitel erhielten. Zwischen 1992 und 2000 gab es (abgesehen von indigenen, kollektiven Landtiteln) zwei Varianten von gemeinsamen Landtiteln: Entweder wurden Titel auf die Namen des Paares (zu diesem Zeitpunkt 7,8%) ausgestellt oder ein gemeinsamer Titel des Mannes mit einem anderen Familienmitglied geschaffen, wie z.B. dem Bruder oder dem Sohn des Mannes (zu diesem Zeitpunkt 25,3%). Die Landtitelvergabe auf Namen des Paares führte jedoch zu Protesten von Seiten vieler Männer und wurde oft von den zuständigen Behörden »falsch verstanden«: Um Ärger oder Streit mit den Männern zu vermeiden, wurde eher der Titel auf den Namen des Mannes und eines anderen Familienmitgliedes ausgestellt, als auf den der Frau. (vgl. Flores Cruz 2014: 5)

5   Gesetz 209 aus dem Jahr 1995, Artikel 32 und Gesetz 1997, Artikel 49

92

Gleichfalls im Zuge der sandinistischen Revolution wurde ab 1981 die Kooperativengründung gefördert[6] und 1982 waren in 44% der Kooperativen auch Frauen vertreten. Doch sie waren innerhalb der einzelnen Kooperativen in der Unterzahl: 1984 waren ca. 6% der Mitglieder Frauen, 1989 11%. Ihre Teilhabe an kollektiven Gütern und Entscheidungen war begrenzt durch die dominante patriarchale Ideologie, die Geschlechterdiskriminierung in der Arbeitsteilung, rechtliche Restriktionen sowie die fehlende Anerkennung der Erbrechte von Witwen verstorbener Mitglieder. In den meisten Kooperativen wurden die Witwen nicht als Ersatz ihrer verstorbenen Männer akzeptiert, besonders dann, wenn es in der Familie einen erwachsenen Mann gab, der dann als Familienchef angesehen wurde und der folglich das Recht auf die Mitgliedschaft hatte.

Nachdem ab den 1990er die Zahl der Kooperativengründungen eher zurückging, gab es ab 2007 einen neuen Aufschwung durch Frauen, die am staatlichen Förderprogramm des bono productivo[7] teilnahmen. Zwischen 2007 und 2013 wurden 4.636 Kooperativen gegründet, deren Mitglieder zu 45% aus Frauen bestehen. (vgl. Flores Cruz 2014: 10) Inzwischen wurden auch viele neue Frauenkooperativen gegründet. Einige von ihnen setzten als Eintrittsbedingung, dass die Frauen ein Stück Land von ihrem Ehemann/ Partner übertragen bekommen. Organisationen wie Cuculmeca, die wir auch im Zuge unserer Reise besucht haben, unterstützen Frauen beim Erwerb von Landtiteln, was sich aber, wie sie uns geschildert haben, als sehr schwierig erweist. Andere Frauenkooperativen verlangen nicht, dass die Frauen ihr eigenes Land haben, um eintreten zu können, und so sind ihre Mitglieder davon abhängig, dass ihre Männer ihnen ein Stück Land zur alleinigen Nutzung und Verwaltung lassen. So ist es z.B. auch bei der Frauenkooperative in Miraflor, die wir auf unserer Reise besucht haben (siehe Kasten nächste Seite).

Seit einigen Jahren hat die nicaraguanische Regierung erkannt, dass eine Förderung von Frauen zu einer höheren Erfolgswahrscheinlichkeit von staatlichen Programmen zur Ernährungssicherheit führt und so richten sich viele solcher staatlicher Programme explizit an Frauen. 2010 wurde ein Gesetz beschlossen, welches die Einrichtung eines Kreditfonds vorsieht, um für arme

---

6 Vgl. den Beitrag von Hespe / Heß zu Kooperativen in Nicaragua in diesem Band.
7 Zum staatlichen Förderprogramm bono productivo, das Menschen unter bestimmten Bedingungen mit Sach- oder Geldmitteln unterstützt vgl. den Beitrag von Tittor (Zur Rolle des Staates in der Agrarpolitik) sowie von Hespe / Heß (Kooperativen in Nicaragua) in diesem Band.

Die Frauenkooperative in Miraflor

- Die 1996 gegründete Kooperative »Mujeres Martires del Cebollal« ist eine der 12 Kooperativen, die der Dachorganisation UCA Miraflor angehört. In der UCA sind insgesamt 402 Mitglieder organisiert; in der Frauenkooperative sind 25 Frauen Mitglieder.
- Die aktuelle Arbeit der Frauenkooperative konzentriert sich auf familiäre Gärten (Gemüseanbau, medizinische Pflanzen, Anbau neuer Kulturen, organischer Anbau, Nutzzierhaltung —> Käse und Milch für Kinder).
- Der durchschnittliche Landbesitz liegt unter einem 1 Hektar, daher kann bestenfalls ein Kuh gehalten werden, deren Kälbchen im Schneeballsystem weitergegeben werden.
- Die Frauen besitzen kein eigenes Land, sondern nutzen einen Teil des Landes des Mannes.
- Die Kooperative besitzt eine Mikrokredit-Fond und einen sozialen Fond, der bei Notfällen einspringt.
- Einnahmequellen außerhalb der gärtnerischen Tätigkeit: Es gibt ein UCA-Café, wo Kaffee, Kuchen und Handarbeiten der Frauen angeboten werden, Verkauf an Nachbar*innen oder in kleinem Laden, einige Frauen vermieten Zimmer für Ökotourismus
- Die Präsidentin Deyling berichtet von Machismo-Problemen und einer zu geringen Unterstützung durch die Regierung. Das Genderthema ist in der Kooperative wichtig; es werden Schulungen zum Gesetz 779 zur Vermeidung von Gewalt gegen Frauen angeboten. Gegenseitige ökonomische und menschliche Hilfe (z.B. bei innerfamiliärer Gewalt) findet innerhalb der Kooperative statt.

Frauen Land von mindestens 5 manzanas (entspricht ca. 3,5 ha Land) zu kaufen. Allerdings standen 3 Jahre nach Inkrafttreten des Gesetzes immer noch keine Mittel dafür bereit bzw. auch bis heute scheint sich nichts getan zu haben. (vgl. Flores Cruz 2014: 7)

Seit einigen Jahren verfolgt die Regierung den Ansatz, besonders von Armut betroffene Familien in urbanen und suburbanen Zonen dabei zu unterstützen, einen Hausgarten/Gemüsegarten anzulegen. Dadurch sollen sie sich selbst gesund versorgen können und die Überschüsse z.b. auf kleinen Märkten in den Vierteln verkaufen können. Dieser Ansatz funktioniert auch deshalb gut, weil viele arme Familien zuvor vom Land in die Stadt gezogen sind, in der Hoffnung ihr Leben zu verbessern. Meist enden sie jedoch in Vorstadtvierteln/Slums, wo sie oft von Wasserversorgung, sanitären Anlagen und medizinischer Versorgung abgeschnitten sind. In diesen Vierteln wird der Großteil des Einkommens der Familien für Essen ausgegeben. Der Anbau von Gemüse im eigenen Garten ist vor diesem Hintergrund eine erfolgreiche Methode, um die Ernährungssituation dieser Familien zu verbessern. Nach einigen Vorreiterprojekten wurde urbane und suburbane Landwirtschaft in den Nationalen Entwicklungsplan für 2012-2016 der nicaraguanischen Regierung aufgenommen und das drei Millionen US-Dollar umfassende »programa solidario patio saludable« (dt. Solidarisches Programm gesunder Hinterhof) gestartet (vgl. http://www.fao.org/3/a-i3696e/i3696e05.pdf)

Inzwischen gibt es landesweit mehrere hunderttausend solcher staatlich geförderten Gemüsegärten, die für diese Familien eine deutliche Verbesserung der Nahrungsmittelsituation darstellen. Die gesamte Zahl von solchen Gemüsegärten in Nicaragua liegt aber viel höher, denn neben den staatlich unterstützten Gemüsegartenprojekten gibt es auch zahlreiche nichtstaatliche Organisationen, wie z.b. Capri[8] oder ODESAR[9], die nach einem ähnlichen Prinzip arbeiten. Der Fokus der von Capri und ODESAR unterstützten familiären Gemüsegärten wie auch der staatlich geförderten Gärten, in denen teilweise auch Tiere wie Ziegen oder Hühner gehalten werden, liegt auf der Unterstützung und Weiterbildung von Frauen: Sie sind es meist, die lernen, wie das Gemüse oder die medizinischen Pflanzen angebaut werden. Ca. 65 - 75%

8   Capri: span.: Centro de Apoyo a Programas y Proyecto – dt.: Unterstützungszentrum für Programme und Projekte

9   ODESAR: span.: Organización para el Desarollo Economico y Social para el Area Urbana y Rural – dt.: Organisation für ökonomische und soziale Entwicklung im urbanen und ruralen Raum

Deyling Romero, Präsidentin der Frauenkooperative Miraflor

(vgl. http://www.fao.org/3/a-i3696e/i3696e05.pdf) der Gemüsegartenprojekte in Nicaragua werden von Frauen betrieben.

Carmen, Projektleiterin der Organisation Capri, welche sich mit viel Engagement dem Ausbau von Gemüsegärten in besonders von Armut betroffen Vierteln in Nicaraguas Städten widmet, erklärte uns folgendes: »Das Projekt der familiären Gemüsegärten von Capri ist mehr als nur ein Gemüsegarten. Wir sprechen hier von Ernährungssicherheit und -souveränität«.

Die Organisation Capri versucht das Recht auf Ernährungssicherheit und- Souveränität zu verwirklichen, indem sie landesweit vor allem Frauen mit der Unterstützung von Techniker*innen das nötige Wissen übermittelt, um diese Gemüsegärten anzubauen. Das Projekt, das wir uns angesehen haben, lag in einem armen Vorstadtviertel von Managua, in denen die Einkünfte der Familien sehr gering sind. Ein Großteil der Frauen dort ist arbeitslos oder verdient sich Geld mit kleinen Jobs wie bügeln, waschen, Tortillas verkaufen oder ähnlichem.

Maria, eine der vielen Frauen, die mit Unterstützung der Organisation

Capri in einem Armenviertel von Managua in ihrem Garten Gemüse und medizinische Pflanzen anbaut, erzählte uns, wie stolz sie sei, ausgebildet worden zu sein. In ihrem Garten baut sie unter anderem Salat, Tomaten, Möhren, Sellerie, Ananas und Melonen an. Wie auch bei den anderen Frauen, die wir besucht haben, wird das angebaute Obst und Gemüse hauptsächlich für den Eigenkonsum genutzt – nur geringe Mengen werden an die Nachbar*innen verkauft.

Nach einem ähnlichen Prinzip arbeitet die Organisation ODESAR in San Dionisio. Auch sie unterstützt arme Familien bei dem Aufbau eines Gemüsegartens und auch hier richtet sich das Projekt besonders an Frauen. Sowohl ODESAR als auch Capri legen einen besonderen Wert darauf, dass die Anbaumethoden, die sie den Teilnehmerin*innen beibringen, nachhaltig und organisch sind. ODESAR bietet dazu auch Fortbildungen in ihrem Ausbildungszentrum an und möchte somit ein gutes Beispiel für die Bäuer*innen in der Region sein, die meist mit Pestiziden arbeiten. ODESAR bieten in ihrem Ausbildungszentrum auch jungen Männern und Frauen die Möglichkeit, einen Abschluss als Agrartechniker*innen zu erwerben, was insbesondere Frauen auf dem Land weitergehende Perspektiven eröffnet.

Um möglichst viele Familien zu erreichen, wurde von Capri ein Promotorinnensystem entwickelt. Diejenigen Frauen, die ihren eigene Gemüsegarten erfolgreich aufgezogen haben und an unterschiedlichen Weiterbildungen, wie z.b. zu Saatgutproduktion, gesunder Ernährung, Recycling, organischem Anbau, Dünger und Pestiziden teilgenommen haben, werden Promotorin. Sie geben ihr Wissen an fünf weitere Familien in der Nachbarschaft weiter und versuchen, diese vor allem mit ihrem eigenen positiven Beispiel zu motivieren, selbst einen Garten anzulegen. Die Projektleiterin Flor von der Organisation ODESAR erzählte uns, wie schwierig es oft ist, sehr arme Familien zu motivieren, weil gerade diese unter Resignation, Antriebslosigkeit und Unterernährung leiden. Deswegen ist ihrer Meinung nach das Beispiel von anderen Familien bzw. Frauen umso wichtiger, die zeigen, dass sie es geschafft haben.

Zur Motivation der Teilnehmer*innen hat sich Capri einiges einfallen lassen: Es gibt z.B. kleine Wettbewerbe zwischen den Vierteln, wie »Wer hat das schönste Viertel«, die ein nachhaltiges Bewusstsein fördern sollen. Auch in den Gärten selbst, sowohl bei Capri als auch bei ODESAR, wird mit viel Kreativität recycelt. Das sieht man auch in den Gärten, die wir besucht haben: Sie sind alle sehr individuell und kreativ gestaltet, scheinbar jeder Winkel und jede Wand wird für den Anbau genutzt, manchmal in normalen Beeten, aber häufig auch in alten Autoreifen, einem alten Fernseher, aufgehängten Plastik-

Wendy Carache mit Kindern, Hausgartenprojekt von CAPRI, Mangaua

flaschen oder dem, was eben zum Recyceln zur Verfügung steht. Der Garten von Wendy, selbst Promotorin bei Capri, ist besonders kreativ und farbenfroh: Jeder der zahlreichen Autoreifen ist liebevoll bemalt, und einige sind sogar zu Sesseln umgestaltet worden, was einen nachhaltigen Eindruck in unserer Gruppe hinterlassen hat.

Um eine ausgeglichenere Ernährung mit viel Gemüse zu fördern, wird den Frauen, die an den Projekten von Capri teilnehmen, nicht nur gezeigt, wie sie das Gemüse anbauen, sondern auch wie sie es zubereiten können. Denn Gemüse steht traditionellerweise nicht auf dem Speiseplan der Nicaraguaner*innen. Carmen erklärte uns, dass es nicht darum gehe, die Essgewohnheiten der Teilnehmer*innen zu ändern, sondern darum, ein Bewusstsein zu schaffen, sie über die Nährstoffe zu informieren, die auch vor allem für ihre Kinder wichtig sind und nach und nach schlechte Essgewohnheiten abzubauen, die ja meist mit fehlenden Informationen zusammenhängen. Sie erzählte uns außerdem, dass die Frauen meist über ein Wissen über medizinische Pflanzen verfügen, das von Generation zu Generation weiter gegeben wird und das von Capri auch weiter verbreitet wird.

Durch solche wie die von uns besuchten Gärten können tausende Familien, vor allem Dank der Frauen, die darin viel Mühe, Zeit und Hingabe investieren, Tag für Tag ihre Ernährung sichern.

Über die Verbesserung der Ernährungssituation hinaus bedeuten die Gärten für diese Frauen oft viel mehr: Dadurch, dass sie selbständig ihre Ernährung sichern, aber auch etwas Einkommen erzielen können, über das sie selbst verfügen, sind sie insgesamt unabhängiger. Capri formuliert es als ein Hauptziel, durch die Gartenprojekte das Selbstvertrauen der Frauen aufzubauen, ihnen die Möglichkeit zu geben, sich und ihre Kinder selbständig zu versorgen und auch eigenes Einkommen zu generieren.

Durch die Ausbildung zu Promotorinnen wird den Frauen eine wichtige Aufgabe übertragen, die ihnen Selbstvertrauen gibt und auch die Möglichkeit, andere Teile des Landes zu besuchen. Außerdem wird durch das Promotorinnensystem der Kontakt zwischen den Frauen verstärkt: Alle Frauen mit denen wir gesprochen haben, erzählten uns, dass sie mit ihren Nachbar*innen Gemüse, Saatgut aber auch Wissen austauschen und sich gegenseitig helfen. Marta, eine weitere Projektleiterin von Capri erklärte uns, dass sich das Leben der Frauen durch das Projekt sowohl auf persönlicher als auch auf familiärer Ebene ändert: »Durch das Wissen, das sie nun haben und durch den Garten, um den sie sich kümmern, fühlen sie sich nützlich in der Familie. Sie leisten einen Beitrag zum Einkommen der Familie, denn die Mehrzahl von ihnen ist arbeitslos, aber möglicherweise hat ihr Partner bzw. ihr Mann eine Arbeit [...]. Auf familiärer Ebene hat sich das Leben der Frauen verändert, weil die Kinder in das Leben der Mutter integriert werden; gemeinsam nutzen sie den Ort, indem sie säen und aufziehen, machen die Beete gemeinsam sauber und können durch diese Arbeit auch bei anderen Themen eine Verbindung aufbauen. Die Kommunikation innerhalb der Familie ist sehr wichtig.« (Gespräch vom 13.1.2015)

Durch die neue Selbständigkeit bieten sich den Frauen neue Perspektiven, sie sind möglicherweise in ihren Entscheidungen nicht mehr so stark von ihren Männer abhängig wie vorher, und auch für alleinerziehende Mütter bedeutet eine Teilnahme an dem Projekt eine deutliche Verbesserung ihrer Lebenssituation. Wendy, die Promotorin mit dem besonders schönen und kreativen Garten, hat sich beispielsweise von ihrem Mann getrennt, nachdem sie angefangen hatte den Gemüsegarten aufzubauen. Die genauen Gründe kennen wir natürlich nicht, aber es lässt sich vermuten, dass sie diesen Schritt ohne den Rückhalt von Capri und ohne die Möglichkeiten, die ihr der Garten bietet, möglicherweise nicht gewagt hätte.

Gewalt gegen Frauen in Nicaragua

- physische und psychische Gewalt gegen Frauen ist in Nicaragua weit verbreitet (dazu zählt, dass Frauen. bedroht, erniedrigt, beleidigt, geschlagen, vergewaltigt werden)
- meist von eigenem Partner/Ehemann angegriffen
- auch Femizide kommen häufig vor (wenn Männer Frauen aufgrund ihres Geschlechts töten). Es existiert eine staatliche Duldung und Förderung dieser Verbrechen.
- Staat und Justiz unterstützen betroffenen Frauen meist nicht ausreichend und erschweren ihnen sehr oft die Anzeige von Straftaten
- seit 2010 existiert ein Gesetz gegen Gewalt an Frauen (Gesetz 799) —> eine wichtige Errungenschaft, aber wird auch stark kritisiert, v.a. weil bei weniger schlimmen Tatbeständen die Mediation zum Einsatz kommt, die aber zu einer Verstärkung der Gewalt gegen die Frau führen kann
- Justiz und Polizei fehlt es an Willen Frauen zu unterstützen —> Beweise gehen »verloren«, Gesetze werden nicht richtig angewandt, Aufklärungsrate und Schuldigsprechung extrem gering —> dies senkt die Hemmschwelle für weitere Gewaltakte
- dem Staat fehlt eine angemessen Strategie gegen die Gewalt, weigert sich internationale Abkommen wie die CEDAW (Convention on the Elimination of all Forms of Discrimination) zu unterzeichnen
- Regierung Ortegas hat 2006 das Abtreibungsgesetz verschärft, so dass nicht mal die therapeutische Abtreibung legal ist, d.h. nicht einmal, wenn die Frau vergewaltigt wurde oder ihr eigenes Leben in Gefahr ist (vgl. auch Informationsbüro Nicaragua, nahua script 15 2012: 11-24 zu Gewalt gegen Frauen in Nicaragua)

Natürlich sind solche Projekte keine Garantie dafür, dass sie zu einer Verbesserung der Selbstbestimmung der Frauen führen. Wie uns die Organisation Cuculmeca erklärt hat, spielt ökonomische Gewalt häufig eine Rolle. Ähnlich wie im Fall, dass Frauen zwar ihr eigenes Land besitzen, ihre Männer aber darüber bestimmen, kann es auch vorkommen, dass Frauen zwar ihren eigenen Garten betreiben und ein eigenes Einkommen generieren, dieses aber von ihrem Partner/ Ehemann kontrolliert wird. Daher ist es umso wichtiger, dass Organisationen wie Capri, ODESAR oder Cuculmeca den Frauen immer beistehen und dabei auch das Ziel verfolgen, die Beziehungen innerhalb der Familie zu verbessern und die Position der Frauen wirklich zu stärken.

An den staatlichen Projekten hingegen wie z. B. den familiären Gemüsegärten aber auch beim bono productivo wird in Bezug auf das Empowerment von Frauen kritisiert, dass es ihr primäres Ziel sei, die Ernährung der Familie zu verbessern, ohne die Position der Frauen wirklich stärken zu wollen. Eine Verbesserung der Beziehungen innerhalb der Familie oder gar ein Aufbrechen der traditionellen Rollenbilder stehe bei den staatlichen Projekten nicht im Vordergrund, wie auch die nicaraguanische Frauenrechtsorganisation Grupo Venancia kritisiert. Die Frauen werden ihrer Meinung nach nur als Mittel zum Zweck genutzt wird, ohne sie wirklich als Entscheidungsträgerin in Betracht zu ziehen und ihnen wirkliche Handlungsmacht zu übertragen. Durch das von der nicaraguanischen Regierung geteilte Rollenbild, nach dem die Frau »natürlicherweise« für die Ernährung der Kinder bzw. der ganzen Familie zuständig ist und daher die Ressourcen in sie gut investiert sind, werde zudem das traditionelle Bild der Frau als Haushälterin, Erzieherin etc. noch weiter zementiert, so Grupo Venancia. Vom Mann wird nach diesem Bild dagegen angenommen, dass er die ihm verfügbaren Ressourcen nicht in die Familie investiert, sondern vertrinkt und sich nicht um die Kinder kümmert. Statt zu versuchen, die väterliche Verantwortung zu stärken, wird ihr Fehlen als Tatsache angesehen und die ganze Verantwortung für das Wohlergehen der Familie der Frau aufgebürdet. In gewisser Weise wird so gerechtfertigt, dass die Männer sich unverantwortlich verhalten und sich nicht bemühen, sich zu ändern.

Ein Problem, das aus dieser fehlenden Einbeziehung der Männer resultiert, das sich aber auch alleinerziehenden Frauen stellt ist, dass sie auch von der zusätzlichen Aufgabe überfordert sein können. So müssen sich die Frauen nun neben Kindern, Haushalt, Ernährung auch um den Garten und die Viehhaltung kümmern. Die Organisation Cuculmeca bezeichnet dieses Problem als Dreifachbelastung der Frau (triple cargo), die dazu führen kann, dass ein Programm, das der Frau und ihrer Familie helfen sollte, scheitert.

Deswegen ist es wichtig, dass solche Projekte, ob von staatlichen oder nicht-staatlichen Organisationen getragen, immer ein echtes und umfassendes Empowerment von Frauen beinhalten. Die Frauen sollten wirklich Entscheidungs- und Handlungsmacht erhalten, statt weiter in ihre traditionelle Rolle gedrängt zu werden, sie sollten mehr Bildungsmöglichkeiten bekommen und Landtitel geltend machen können. Dazu muss ein Umdenken in der Gesellschaft und in den staatlichen Institutionen stattfinden, damit patriarchale und machistische Einstellungen abgebaut werden.

In Nicaragua gibt es zahlreiche (feministische) Frauenbewegungen, die seit Jahren für die Rechte von Frauen kämpfen und mit unterschiedlichen Ansätzen versuchen einen gesellschaftlichen Wandel herbeizuführen. In einer patriarchalen Gesellschaft wie Nicaragua ist die Arbeit von Frauenbewegungen oder auch Organisationen wie Capri oder ODESAR unentbehrlich als Anstoß für einen Wandel. Jedoch können Frauenbewegungen bisher auf wenig Unterstützung seitens der Regierung oder der Behörden zurückgreifen. Vielmehr behindert die Regierung ihre Arbeit.

Erst wenn der entsprechende politische Wille da ist, können die Frauen auf allen Ebenen gleichberechtigt werden und nur dann kann der Gewalt gegen Frauen wirklich etwas entgegengesetzt werden.

Literaturverzeichnis

FAO (Food and Agriculture Organization of the United Nations) (2001): Mujeres: llave de la seguridad alimentaria, Rom, zit. n. http://www.fao.org/docrep/014/am719s/am719s00.pdf. [Zugriff: 10.05.2015]

FAO (Food and Agriculture Organization of the United Nations) (2014): Growing greener cities in Latin America and the Carribean. An FAO report on urban and peri-urban agriculture in the region, Rom, zit. n. http://www.fao.org/3/a-i3696e/i3696e05.pdf, [Zugriff: 10.05.2015]

Flores Cruz, Selmira (Hg.) (2014): Derecho, acceso a la tierra, y medios de vida de mujeres rurales en Nicaragua, o. O.

Grupo Venancia (Larrachoechea, Edurne) (2011): ¿Ciudadanía Cero? El »hambre cero« y el empoderamiento de las mujeres. Los casos de Matiguás, Muy Muy y Río Blanco, o. O.

Informationsbüro Nicaragua e.V. (Hg.) (2012): Nahua script 15. Solidarität heute und morgen – Perspektiven gegenseitiger Unterstützung, Themen der Nicaraguakonferenz, Wuppertal.

Oxfam, UCA (Universidad Centroamericana) (2012): CRECE: Desafíos desde la seguridad alimentaria y nutricional en Nicaragua. Managua, zit. n. http://www.oxfamblogs.org/lac/wp-content/uploads/2013/05/Desaf%C3%ADos-desde-la-seguridad-alimentaria-y-nutricional-en-Nicaragua.pdf. [Zugriff: 10.05.2015]

Alexandra Hespe und Klaus Heß

Kooperativen in Nicaragua, einst und heute

Versuch einer politischen Bewertung

Kooperativen haben im politischen Koordinatensystem Nicaraguas einen festen Platz. So forderte schon der Bauerngeneral Sandino in seiner politischen Plattform 1934 unter der Überschrift »Beteiligung der Bevölkerung« die »Organisierung von großen Kooperativen der Arbeiter und Bauern im ganzen Land, um die nationalen Reichtümer zu erschließen; [...] sozio-ökonomische Entwicklung, unter anderem durch Anreize für die Landwirtschaft und Schaffung von Kooperativen der Bauern, Bergarbeiter und Holzfäller [...]« (Heß 1991). Statt die Durchsetzung dieses Programms auf nationaler Ebene zu erkämpfen, war Sandino nach erfolgreicher Vertreibung der US-Marines bescheiden genug, sich aus der Politik zurückzuziehen und selber ländliche Genossenschaften in Segovia zu gründen[1]. 1934 wurde er unbewaffnet bei einem Besuch Managuas vom Putschisten Somoza hinterrücks ermordet und die Kooperativen wurden dem Erdboden gleichgemacht. Während der nächsten 45 Jahre regierte der Somoza-Clan Nicaragua mit diktatorischer Gewalt (vgl. Heß 1991).

1   Eine ausführliche Darstellung liefert Heß 1991.

Genaro Rodriguez, Mitglied der Kooperative UCA Pantasma

Die Revolution und der Wiederaufbau der sandinistischen Kooperativen

Die Nationale Sandinistische Befreiungsfront FSLN nahm den Gedanken Sandinos wieder auf, für sie war Partizipation sowohl Mittel als auch Ziel ihres Kampfes gegen die Diktatur. In der Aufstandsphase besetzten Landarbeiter*innen die Betriebe und führten diese selbstverwaltet weiter. Sie übernahmen Pflegeaufgaben, brachten die Ernte ein und sorgten für die Ernährung der Bevölkerung und der Kämpfer*innen.

Dort, wo die Nationalgarde die militärische Kontrolle verloren hatte, gingen alle Entscheidungen auf Ausschüsse unter Einbeziehung der Landarbeitergewerkschaft, der Betriebsversammlungen, der Guerrilla und der örtlichen Landbesitzer*innen über. Hier wurde nicht nur über Produktion, Saatgutbeschaffung und Arbeitsverteilung gesprochen, sondern gleichzeitig widmete man sich kommunalen Problemen wie Gesundheitsversorgung, Rechtsprechung, Verteidigung und Transport. Diese »sandinistischen Agrarkommunen« bildeten so etwas wie eine Kommunalregierung.

Nach dem Sturz der Diktatur 1979 wurde der Großgrundbesitz des Somoza-Clans entschädigungslos enteignet und in Staatsbesitz überführt. Die meisten dieser Betriebe waren agroindustrielle Großanlagen wie Zuckerfabriken, Kaffee- und Baumwollplantagen oder Reismühlen, die gemäß den sozialistischen Vorstellungen ihrer Protagonist*innen als Staatsbetriebe entwickelt werden und langfristige Lohnarbeitsplätze schaffen sollten. Wenn kurzfristig alle Mittel und Investitionen in diesen Bereich gesteckt würden, könnte er sich produktiv entfalten, die Nahrungsmittelversorgung garantieren, Devisen erwirtschaften und auf die privaten Klein- und Mittelbäuer*innen ausstrahlen – so stellten es sich die politisch Verantwortlichen vor.

Erst nach einer Welle von Demonstrationen und Landbesetzungen wurde dieses staatliche Entwicklungsmodell durch eine Vertiefung der Agrarreform verändert. Getreu der Forderung »Das Land denen, die es bebauen!« wurden nun mit einem neuen Agrarreformgesetz 1981 ungenutzte Ländereien von Großgrundbesitzern und unproduktive Staatsbetriebe an landlose Familien verteilt. Diese verteilten Landtitel der Agrarreformbehörde waren kollektiv, kostenlos, hypothekenfrei und unverkäuflich. Ziel war es, die Bildung von Kooperativen zu fördern. Günstige Kredite, Stundung und Erlass von Schulden, technische Beratung und staatlich garantierte Aufkaufpreise sollten zu ihrer Stabilisierung beitragen.

Die FSLN-Regierung unterstützte den Zusammenschluss von Bäuer*innen zu Kooperativen auch, weil soziale Einrichtungen, Schulen, Kindergärten und Gesundheitsposten gemeinschaftlich besser genutzt werden und kollektives Sozialleben entstehen konnte. Es entstanden zwei Grundformen von Kooperativen: In den sogenannten Kredit- und Dienstleistungskooperativen (CCS)[2] bleiben Boden und Erträge in individuellem Besitz. Die Mitglieder konzentrieren sich an einem Ort und nutzen dabei Maschinen, Saatgut, Düngemittel und Lager gemeinsam. Die Produktionskooperativen (CAS)[3] hingegen haben kollektive Landtitel und arbeiten gemeinsam für ihre Erträge. Bei den CAS wurde damals angestrebt, auch die Familienarbeit kollektiv zu erledigen. Der sandinistische Staat baute Schulen, Kinderkantinen und Gemeinschaftsküchen, die anschließend von den Kooperativen betrieben wurden. Die Kooperativen wählten Entscheidungsgremien wie eine kollektive Leitung (span.: »directiva«) und Kommissionen für Produktion oder Finanzen. Auf monatlichen Versammlungen wurden die grundlegenden Entscheidungen getroffen und die Leitung gewählt.

---

2   CCS: span.: Cooperativa de Créditos y Servicios
3   CAS: span.: Cooperativa Agrícola Sandinista

Diese ersten Phasen der Agrarreform führten dazu, dass sich die Landverteilung entscheidend änderte: Der Kooperativensektor umfasste in dieser Zeit 24% der landwirtschaftlichen Fläche. Während der Großgrundbesitz seine Flächen von 36% (1978) auf 6% reduzierte, entstand ein neuer Staatssektor mit 20% (1981), der seine Flächen aber bis 1989 wieder auf 13% verkleinerte (vgl. Heß 1991).

Es war nicht nur der soziale Druck, der zur Veränderung des sandinistischen Wirtschaftsmodells und insbesondere zur Förderung der Kooperativen und des kleinbäuerlichen Sektors führte. Entscheidende Faktoren waren kulturelle Schranken und der sich zuspitzende Contra-Krieg gerade in den traditionell ökonomisch ärmeren Gebieten, wie im Bergland von Jinotega, in den Segovias oder in Nueva Guinea.

Das Tal von Pantasma[4] beispielsweise wurde erst in den 1940er Jahren durch Kleinbäuer*innen (span.: campesinos/campesinas) besiedelt, die infolge der steten Ausdehnung der Kaffeeplantagen im Bergland von Jinotega und später durch den Bau des Apanas Stausees immer weiter nach Norden Richtung Honduras vertrieben worden waren. Grundstückkäufer eigneten sich dort die fruchtbaren Böden des Landes an und entrissen damit den Bäuer*innen das nötige Ackerland. Die Landeigentümer machten ihr Geld mit Ackerbau und Schweinezucht, später auch mit Rindern und Tabak. Einen Teil des Landes verpachteten sie mithilfe der so genannten »mediería« an mittellose Bäuer*innen: diese bewirtschafteten Teile des Grundstücks und mussten dafür die Hälfte des Ertrags abliefern. Andere besitzlose Bäuer*innen verdingten sich bei wohlhabenden Kaffeepflanzern als Saison-Landarbeiter*innen. Diese Saisonarbeiter*innen, aber auch die mediería-Pächter*innen, waren in den meisten Fällen ihrem Gutsherrn (span.: patrón) unterworfen und von ihm abhängig.

Im Zuge der Agrarreform gerieten die reichen Kaffeepflanzer*innen und die Mittelbäuer*innen wegen der Verstaatlichung einiger Großgrundbesitze und der darauf folgenden Landverteilung in Panik. Sie übertrugen ihre ablehnende Haltung gegenüber dem revolutionären Prozess und ihre konservative Ideologie auch auf die von ihnen abhängigen Personen und auf ihre Arbeiter*innen, die aus Angst vor Arbeitslosigkeit gar in die Reihen der Contra getrieben wurden. In der aufkommenden Polarisierung wurden Landverteilungsakte, staatliche Einrichtungen, selbst Kooperativen mit dem Sandinismus

---

4   Zu den konkreten Fakten um Pantasma vgl. Weber 1986.

gleichgesetzt und gerieten in die ideologische und militärische Schusslinie der Contra. In den Kriegszonen stellten die Kooperativen eine Provokation für die Contra dar, zeigten sie doch, dass ihre Mitglieder organisiert für ihre sozialen Interessen kämpften und diese auch bewaffnet verteidigten. Nach Angaben der Vereinigung der Klein- und Mittelbäuer*innen (UNAG)[5] haben die Contras bis 1990 340 Kooperativen zerstört, über 3.500 Genossenschaftler*innen umgebracht und 3.000 entführt. Sie haben 1326 Häuser dem Erdboden gleichgemacht, über 15.000 Stück Vieh gestohlen, und mehr als 250.000 Menschen aus ihren angestammten Wohngebieten vertrieben, was auch dazu führte, dass 112.000 ha Anbaufläche von Kaffee aufgegeben werden musste. Kooperativen wurden in der Folge seitens des Staates zu Verteidigungskooperativen ausgebaut.

Auf diesem Erfahrungshintergrund kam für viele Bäuer*innen in diesen Regionen auch wegen der Bedrohung der Kooperativen nur die Annahme individueller Landtitel in Betracht. Nachdem auch außerhalb der Kriegsgebiete neuer Druck, diesmal auf die privaten Großproduzenten, entstand, stärkte 1986 eine Reform des Agrarereformgesetz auf Kosten der großen Agrarbetriebe – staatliche und private – den privaten kleinbäuerlichen Sektor noch einmal wesentlich, und die »nationale Einheit« – das Bündnis zwischen Staat und privaten Großproduzenten – zerbrach.

Dies war die Ausgangssituation beim Übergang in eine 16 Jahre währende neoliberale Regierungsperiode. 1989 gab es 3.533 Agrarkooperativen mit 83.186 Mitgliedern. Insgesamt lebten rund eine halbe Million Menschen auf den Agrarkooperativen in Nicaragua und dies bei einer Gesamtbevölkerung von 4 Mio Einwohner*innen.

Der Wahlverlust 1990 und der Übergang zum neoliberalen Wirtschaftsmodell

Bei den Wahlen am 25. Februar 1990 siegte überraschend das anti-sandinistische Wahlbündnis Nationale Oppositionsunion UNO[6] mit 55,2% der Stimmen. In den folgenden 16 Jahren wurde unter der Regierung von Violetta Chamorro (UNO 1990-1996), Arnoldo Alemán (AL[7] 1996-2001) und Enrique Bolaños

5   UNAG: span.: Unión Nacional de Agricultores y Ganaderos
6   UNO: span.: Unión Nacional Opositora
7   AL: span.: Alianza Liberal

(PLC[8] 2001-2007) der Großteil der Errungenschaften der Revolution wieder rückgängig gemacht. Mit dem Regierungswechsel 1990 und der Hinwendung zum neoliberalen Wirtschaftsmodell haben die Kooperativen einen beachtlichen Einbruch erlitten. Diese Entwicklung hatte folgende Ursachen:

1. Die meisten Kooperativen hatten eine niedrige Produktivität. Das staatlich geprägte Kooperativenmodell war darauf ausgelegt, soziale und politische Strukturen aufzubauen und besonders in den Kriegszonen die politische Herrschaft abzusichern sowie die militärische Verteidigung zu organisieren. Deshalb traten hier ökonomische Aspekte in den Hintergrund und wurden durch staatliche Subventionen zur Aufrechterhaltung des Kooperativenmodells ausgeglichen. Nur wenige Kooperativen hatten eine funktionierende Buchführung und es fehlten Grundkenntnisse für die Erledigung von Verwaltungsaufgaben, die bisher vom Staat abgedeckt wurden.
2. Die Kooperativen waren bezüglich ihrer technischen Ausstattung vom Staat abhängig. Mit dem Wegfall der technischen Assistenz wurden die Kooperativen in ihren Produktionsmitteln geschwächt.
3. Getreu der Logik des neoliberalen Wirtschaftsmodells wurden alle staatlichen Subventionen gestrichen. Da zudem die Banken wieder privatisiert wurden und ihre Kredite nur auf mittlere und große exportorientierte Produzent*innen beschränkten, erhielten die Kooperativen keine Vorfinanzierungskredite mehr für ihre Ernten. Bekamen im Jahre 1988 noch 102.000 Produzent*innen Kredite, waren es 1994 gerade noch 20.000. Laut FENACOOP[9] erhielten die Kooperativen damals mehr Kredite von NGOs und EU-Projekten als von Banken.
4. Den Kooperativen fehlten eigene Weiterverarbeitungs- und Kommerzialisierungsstrukturen. Sie hatten sich bisher auf die Produktion beschränkt, denn der Staat hatte die Produkte zu garantierten Preisen aufgekauft und weiterverarbeitet. Mit dem Ende der sandinistischen Regierungszeit waren die Kooperativen den neuen Zwischenhändlern und privaten Verarbeitern vollständig ausgeliefert.
5. Die kollektiven Landtitel der Agrarreform wurden von den neuen Regierungen angezweifelt. Das zugeteilte Land war oftmals nicht durch juristische Besitztitel abgesichert. Von 1 Mio ha an Kooperativen verteiltes Land hatten

---

8   PCL: span.: Partido Liberal Constitucionalista
9   FENACOOP: span.: Federación Nacional de Cooperativas – dt.: Nationale Föderation der Kooperativen

230.000 ha keine legalen Titel, was zu politisch-juristischen Auseinandersetzungen führte.
6. Mit dem Ende der politischen Kooperativenförderung begann eine verstärkte Parzellierung, die häufig der erste Schritt zum Landverkauf wurde.

Der Konflikt um Land hat dabei drei Ebenen:

1. Zum einen gibt es Ansprüche alter Eigentümer*innen aus den 1970er Jahren – also aus der Zeit vor der Landreform – die erneut vor Gericht klagen. Hintergrund ist die Tatsache, dass im zweiten Durchlauf der Agrarreform unbewirtschaftete Böden von Großbetrieben enteignet und an Kleinbäuer*innen verteilt wurden. Die neoliberale Regierungschefin Violeta Chamorro begann nun, damalige Besitzer*innen entweder mit der Rückgabe von Böden oder in Form von Auszahlungen zu entschädigen. Auch der heutige FSLN-Präsident Ortega führt diesen Prozess gegenwärtig noch weiter, allerdings in sehr geringem Maße, da die Auseinandersetzungen in den 1990er Jahren weitgehend abgeschlossen wurden. Heute handelt es sich vor allem um US- amerikanische Bürger*innen, die zu Revolutionszeiten als »politische Flüchtlinge« in die USA gingen. Es sind vermutlich rund 80 bis 100 Fälle, die noch nicht geklärt sind.

   Eine Ursache hierfür ist auch, dass unter Violetta Chamoro nicht immer »sauber« und nachvollziehbar entschädigt wurde, sodass bereits Entschädigte neue Ansprüche stellen. Viele Begünstigte der Agrarreform konnten ihr Land jedoch auch behalten, was für sie einen sehr hohen persönlichen Wert hat.

2. Das Problem der Legalität der Landtitel besteht jedoch auch weiterhin. So haben viele Kleinbäuer*innen und Kooperativenmitglieder Schwierigkeiten, z.B. an Kredite u.ä. zu kommen, da sie keine offiziellen Besitztitel nachweisen können. Daher gibt es – verstärkt seitdem Ortega 2007 wiedergewählt wurde – Bestrebungen, jene Landtitel, die durch die Landreform an die Bäuer*innen gegeben wurden, als Besitz und Eigentum zu legalisieren, und als Individualtitel in Kataster einzutragen.

3. Schließlich gibt es auch Altansprüche indigener Gemeinschaften auf Landtitel, die teilweise auf Verträge mit den Kolonialmächten zurückgehen, später jedoch von vielen Regierungen und Großgrundbesitzer*innen nicht eingehalten wurden. Indigene haben seit 1987 in Nicaragua das Recht auf traditionell gemeinschaftliche Landtitel. Diese dürfen nicht verkauft, sondern nur für 99 Jahre verpachtet werden. Damit muss die indigene Gemeinde

allerdings einverstanden sein. Ein Verkauf von indigenem Land ist illegal, und die Gemeinde kann es zurück fordern.

Durch die Kontrareformen der neoliberalen Regierungen haben sich viele Kooperativen in den 1990er Jahren aufgelöst (1994 waren es noch 1.974 gemeldete Kooperativen). Die noch verbliebenen begannen, sich neue Strukturen zu geben. Aus der Klein- und Mittelbäuer*innenvereinigung UNAG heraus wurde ein Kooperativendachverband FENACOOP gegründet, um die spezifischen Interessen von Kooperativen wahrzunehmen. Innerhalb der Kooperativen flexibilisierten sich die Eigentumsverhältnisse: ein Kooperativenmitglied arbeitete im kollektiven Bereich für die Exportproduktion, während die Familienmitglieder für den Eigenkonsum in einem parzellierten Teil der Kooperative produzierten. In vielen Fällen wurde aber auch das Land parzelliert und man unterstützte sich gegenseitig durch gemeinsame Nutzung von Traktoren, Vermarktung, Transport oder Weiterverarbeitung. Teilweise gründeten sich jedoch auch ganz neue Kooperativen, die u.a. die fehlende Daseinsvorsorge von Seiten des Staates ersetzen sollten.

Janet Castillo vom Movimiento Comunal ist jedoch der Meinung, dass 60% bis 70% der Kooperativen verschwunden sind (Castillo, Managua, 28.01.2015).

Auch Frauenkooperativen gründeten sich zu dieser Zeit verstärkt. So erzählt uns die Präsidentin der Frauenkooperative »Mujeres Martires del Cebollal« aus Miraflor: »Nicaraguaweit haben in jener Zeit Agraringenieurinnen begonnen, mit Frauen im Sinn von Empowerment zu arbeiten. Es war sinnvoll und wichtig, sich wieder zu organisieren, als Kooperative eine juristische Person zu werden und sich hierdurch auch technische und kleinere finanzielle Hilfen beschaffen zu können« (Romero, Miraflor, 20.01.2015).

Leitbild der Kooperativen ist es nun – wie Sinforeano Caceres (FENACOOP) es formuliert – »zum ökonomischen Subjekt mit sozialer Orientierung« zu werden. Flor de Maria, Präsidentin des Produktionskollektivs Santa Ofelia in Villa 15 de Julio, meint in diesem Zusammenhang: »Unsere Probleme sind dadurch entstanden, dass wir bis 1992 überhaupt keine Kenntnis über Projektstrukturen hatten. In der sandinistischen Zeit gab es keine Notwendigkeiten für Projekte, denn es war immer Arbeit im Überfluss da. Mit der neuen Regierung gab es eine brutale Arbeitslosigkeit in ganz Nicaragua und wir haben mit dem Kampf um das Land begonnen, um zu überleben. Seitens der Regierung gibt es keine finanzielle Unterstützung mehr und das Land wird nicht in ausreichendem Maße verteilt. [...] Auf der anderen Seite gibt es in unserem Kollektiv immer noch Leute, die das Projekt nicht als ihr eigenes ansehen, das es zu bewahren, zu schützen und zu entwickeln gilt und das auf eine lange Dauer angelegt ist. Sie verstehen das Projekt als große Schenkung, aus der man sich möglichst schnell und kurzfristig bedienen kann und einen möglichst großen finanziellen Anteil abziehen sollte. Diese Haltung ist auch Ergebnis der sandinistischen Regierungspolitik, die den Bauern oft großzügig ihre Schulden erlassen hat. Jetzt hoffen die Leute ebenfalls, dass die Kooperative ihnen die Rückzahlungen erlässt.« (Informationsbüro Nicaragua e.V. 1995)

Die Agrarkooperativen heute

Heute gibt es praktisch keine Kooperativen mehr, die gemeinschaftliches Land haben. Janett Castillo vom Movimiento Comunanal in Matagalpa schätzt, dass weniger als 1% der heute existierenden Kooperativen gemeinschaftliches Land haben. Kooperativen sind heute fast ausschließlich sogenannte »cooperativas de credito y servico« (CCS). Gemeinschaftliches Land existiert heute – wie oben bereits dargestellt – fast nur noch bei indigenen Gemeinden, die das Land zwar auch genossenschaftlich bearbeiten können, aber nicht in einer Kooperative organisiert sein müssen, um es gemeinschaftlich zu bebauen.

Die Kooperativen schließen sich in Einheiten zusammen – sogenannten Unionen von Agrarkooperativen (UCA)[10]. Diese sind teilweise je nach Bereich noch in weitere Einheiten unterteilt, beim Kaffee beispielsweise in CECOCAFEN[11], während die oberste Einheit der Kooperativen-Dachverband FENACOOP ist.

Seit 2007 die FSLN unter Daniel Ortega wieder an der Macht kam, entwickelt sich parrallel eine durch die Regierung Ortega gegründete staatliche Struktur von Kooperativen und sogenannten núcleos (dt.: Kerneinheiten). Diese wurden innerhalb einiger Programme eingeführt, um Kleinbäuer*innen, sowie familiäre und kooperative Wirtschaftsformen zu födern und damit gegen Armut und Marginalisierung anzukämpfen.

Zu diesen Programmen gehören z.B. Hambre cero (dt.: Null Hunger), Usura cero (dt.: Null Wucher) und weitere. Innerhalb dieser Mikrokreditprogramme vergibt die Regierung sogenannte bonos productivos (Nutztiere, Baumaterialien etc.) an bedürftige Familien. Eine besonders geförderte Zielgruppe

---

10 UCA: span.: Unión de Cooperativas Agricolas
11 CECOCAFEN: span.: Central de Cooperativas Cafetaleras del Norte – dt.: Zentrale der Kaffee-Kooperativen des Norden – http://cecocafen.simas.org.ni

Die Kaffee-Bauern können mit organischer Anbauweise 20 Quintal/Mza erreichen, eventuell 30. Die industriellen Anbauer erreichen 50-60. Außerdem können sie bereits 1,5 Jahre nach dem Pflanzen ernten, die Kooperativen erst nach 3 Jahren.

Die Kooperativen in Nicaragua sind die bessseren Unternehmen. Manchmal gibt es Schwierigkeiten, aber bei guter Leitung überragen sie sogar die Privatunternehmen. Ihre Philosophie ist nicht Luxus oder Profit, es ist eine wirtschaftliche und zugleich soziale Philosophie.

Francisco Rivera, UCA Pantasma

sind Frauen. Um einen bono productivo zu erhalten, müssen sich die Begünstigten in núcleos bzw. Kooperativen von ca. 50 Frauen zusammenschließen und innerhalb von zwei Jahren 300 US-Dollar in einen Fonds einzahlen, der von ihnen selbst zu ihren Gunsten verwaltet wird. Die núcleos und Kooperativen sind unter dem Dachverband INFOCOOP[12] organisiert, welches dem Ministerium für familiäre, kommunitäre, kooperative und assoziierte Ökonomie MEFCCA[13] unterstellt ist.

Ein Problem dieser Programme ist, dass die Regierung nicht genügend Kapazitäten hat, diese Kooperativen ausreichend zu schulen und zu unterstützen. Die Frauen haben deshalb oft kein Wissen darüber, wie sie sich organisieren oder das gemeinsam angelegte Geld verwalten bzw. investieren können. Der Präsident der FENACOOP, Sinforiano Cáceres, kritisiert die Regierung dafür, dass sie bei der Ausbildung dieser neuen Kooperativen nicht mit den schon bestehenden und erfahreneren Kooperativen oder der FENACOOP zusammenarbeiten wolle (Cáceres 2007).

---

12 INFOCOOP: span.: Instituto Nicaragüense de Fomento Cooperativo – dt.: Nicaraguanisches Institut zur Förderung der Kooperativen
13 MEFCCA: span.: Ministerio de Econocia familiar, comunitario, cooperativa y asociativa

Hier stellt sich die Frage, warum die Regierung diese laut Cáceres mehrfach angebotene Kooperation verweigert? Macht dies aufgrund unterschiedlicher Organisationsformen der verschiedenen Kooperativen tatsächlich keinen Sinn? Oder versucht die Regierung – aufgrund der bereits gemachten Erfahrungen – im Alleingang schnelle und direkte Sozialprogramme für die marginalisierte Landbevölkerung durchzuführen, um sich deren Gunst als treue Wähler*innen zu sichern?

Die Tatsache, dass auch die Kooperation mit verschiedenen NGOs und insbesondere mit dem Zentrum für rurale und soziale Promotion, Forschung und Entwicklung CIPRES[14], die das Null-Hunger-Programm entworfen haben, beendet wurde, sowie die Aussagen zahlreicher Menschen, die wir auf unserer Reise interviewt haben, wonach Begünstigte der Programme hauptsächlich der FSLN nahe stehende Personen seien, spricht eher für die zweite Vermutung.

Pierre Merlet geht noch weiter, indem er sagt, die Regierung setze bei der Entwicklung des Landes auf die großen Konzerne. Die Kooperativenpolitik sei vor allem für ihren Diskurs wichtig, nicht aber praktischer Schwerpunkt ihrer Interessen, weshalb die Kooperativenpolitik nicht effizient umgesetzt werde (Merlet, Managua, 28.01.2015)

Auch das Movimiento Comunal bestätigt: »Seit der Wiederwahl der Sandinisten macht die Regierung keine kohärente Politik zugunsten dieser Menschen, sondern unterstützt eher Großgrundbesitzer und Monokulturen, da die für Deviseneinnahmen sorgen.« (MCN, Matagalpa, 17.01.2015)

Doch Mitglieder von Kooperativen sehen durchaus Anreize und Gründe, sich in Kooperativen zusammenzuschließen. Dies können materielle bzw. finanzielle Gründe sein, wie z.B. der Zugang zu Krediten, Maschinen und anderen Dienstleistungen. Auch der Zugang zum Fair-Trade-Handel ist an die Mitgliedschaft in einer Kooperative gekoppelt. Aber auch ideologische Überzeugung, die Freude an gemeinsamer Arbeit, gegenseitige Unterstützung, der Wunsch organisiert zu sein etc. sind Gründe, um sich einer Kooperative anzuschließen.

In der UCA Pantasma trafen wir auf Bauern, die während der Agrarreform Ländereien bekommen haben und im Pantasmatal gegen die Contra gekämpft und ihr Land verteidigt haben. Stolz erzählte Genaro Ríos: »Wir sind schon über zehn Jahre hier in diesen Kooperativen und deshalb gefällt es uns,

---

14   CIPRES: span.: Centro para la Promoción, la Investigación y el Desarrollo Rural y Social

in Kooperativen zu sein. Ich bin zum Beispiel Gründer einer Kooperative, und ich bin in einer Verteidigungskooperative geboren worden. Als der Krieg vorbei war, bin ich hierher gekommen [und habe eine neue Kooperative gegründet], und wir sind alle hier, weil es uns gefällt hier zu sein; diejenigen, denen die Kooperativen nicht gefallen, die sind auch nicht in Kooperativen« (Rios, Pantasma, 19.01.2015)

Außerdem beinhalte das Kooperativenkonzept aus der Sicht unserer Gesprächspartner der UCA Pantasma die beste Form der Agrar- Produktion, da hier nicht nur ökonomisch, sondern auch sozial gehandelt werde. Auch bezüglich der Gendergerechtigkeit seien Kooperativen eine gute Lösung, denn hier hätten Frauen die gleichen Rechte wie die Männer. Ihr Ziel sei es, einen Frauenanteil von 50% zu haben.

Auch oder vor allem für Frauen gibt es viele Anreize, sich in Kooperativen zu organisieren. Dabei können sich Frauen entweder gemischten Kooperativen anschließen oder sich in reinen Frauenkooperativen organisieren, wobei letztere meist andere Tätigkeitsbereiche haben, da Frauen weiterhin de facto der Zugang zu Land verwehrt ist. Der Besitz von Land liegt meist in den Händen von Männern. In Frauenkooperativen werden deshalb oft Hinterhofgärten bewirtschaftet, eine kleine Vieh- oder Fischzucht betrieben und kleine Projekte wie Ökotourismus oder Verkaufsläden aufgebaut.

Dazu werden häufig Genderschulungen durchgeführt, und die Frauen unterstützen sich gegenseitig. Kooperativen können also einen Empowerment-Effekt haben sowie zu mehr ökonomischer Unabhängigkeit von Frauen beitragen[15]. In unseren Gespräche konnten wir heraushören, dass Frauenkooperativen oft besser funktionieren, als die Männerkooperativen, dass die Frauen ihre Chancen gut nutzen, um aus wenig viel zu machen und die Kooperativen für sie eine Möglichkeit zu sein scheinen, sich zu emanzipieren.

Fazit

Zwar gibt es in Nicaragua auch heute zahlreiche Kooperativen, ob diese jedoch eine große Rolle spielen – daran scheiden sich die Geister. Bei der UCA Pantasma heißt es:»Aus unserer Sicht sind die Kooperativen die beste Form der Agrar-Produktion, da sie nicht nur ökonomisch, sondern auch sozial han-

---

15   Das Thema Frauen in der Landwirtschaft Nicaraguas wird im Artikel von Franzisca Stern noch intensiver aufgegriffen.

deln.« Und die Präsidentin einer Frauenkooperative in Miraflor sagt: »In Nicaragua sind eine Million Menschen Mitglieder in Kooperativen aus den Sektoren Landwirtschaft, Transport, Banken/Sparkassen, Fischerei, Wohnungsbaugenossenschaften, Forstkooperativen zur gemeinschaftlichen Waldnutzung«. Dazu entgegengesetzt bekommen wir vom Movimiento comunal gesagt: »Kooperativen spielen generell keine große Rolle mehr. Viele Leute, die Kooperativen gründeten, hofften auf Ressourcen wie finanzielle oder technische Unterstützung. Jetzt machen sie unter dem formalen Dach eine Kooperative individuell wirtschaftend weiter.«

Tatsächlich scheint es, als ob CCS-Kooperativen schon noch eine wichtige Rolle in Nicaragua spielen, aber es stellt sich die Frage nach der Organisation und der Teilhabe. Wie viele Kooperativen arbeiten wirklich partizipativ und demokratisch und helfen den Mitgliedern zu einem besseren Leben und einer stärkeren Position? Um im Handel eine starke Position zu haben, ist es in Nicaragua generell wichtig, organisiert zu sein, doch oft funktionieren Kooperativen nicht so wie sie sollten. Häufig werden Kooperativen gegründet, weil es die einzige bekannte Organisationsform ist. Dadurch kommt es zu vertikalen Strukturen, es gibt keine Rotation und es kommt zu Korruption und Intransparenz.

Schließlich kommt es sehr stark auf die Organisation und die Überzeugung der Kooperativenmitglieder und der Führung an, wie sie ihre Kooperative gestalten. Wie so oft, stellen wir fest: auch die Kooperative ist kein Allheilmittel, wenn sie für die Bäuer*innen nur ein Mittel zum Zweck ist oder gar von »oben« diktiert wird. Wie bereits erwähnt, handelt es sich dabei meist um Hausgärten, Ökotourismus, kleine Tierzucht etc. Doch scheint es, dass die Frauenkooperativen, mehr als die Männerkooperativen einen positiven Effekt für das Empowerment der Frauen haben und diese vielleicht deshalb mehr Arbeit in die gemeinsame Organisation stecken.

Was hat die Agrarreform geschafft und, was ist von der Agrarreform geblieben? Auch wenn sie kein neues Produktionssystem geschaffen hat, der Entwicklungsansatz immer noch weitgehend auf großen Konzernen basiert und Landumverteilungen großenteils rückgängig gemacht wurden, ist festzustellen: Es gibt viele persönliche Gewinne. Immer noch bebauen viele Menschen das Land, welches sie durch die Reform bekommen haben. Für sie hat das Land, ihre damit erworbenen Rechte und Emanzipation große Bedeutung. Außerdem stärkte die Agrarreform das Kooperativenwesen in Nicaragua generell und ermöglichte es Bäuer*innen, sich überhaupt zu organisieren und sich im Handel behaupten zu können.

Gegenwärtig sind auch die Kooperativen zu einem großen Teil am Export orientiert. Für eine positive Entwicklung der Kooperativen sollten diese auch eine größere Rolle auf dem nationalen Markt einnehmen, damit sie dort mehr Gewicht bekommen und so vielleicht zu mehr Beteiligung von Kooperativen und Kleinbäuer*innen in politischen Entscheidungen sorgen. Doch momentan scheint der nationale »Entwicklungsplan« anders auszusehen. Ob die sandinistische Regierung weiter auf »Entwicklung« durch große Konzerne wie Pellas setzt und Großprojekte wie Ölpalmen und den Kanalbau vorantreibt, oder sich auch weiterhin stärker um den kleinbäuerlichen und Kooperativensektor kümmert, bleibt abzuwarten.

Literatur

Heß, Klaus (1991): »Das Land denen, die es bebauen...«: Partizipation und selbstverwaltete Betriebe in Nicaragua; in: Notz, Heß, Buchholz, Bühler (Hg.): Selbstverwaltung in der Wirtschaft: Alte Illusion oder neue Hoffnung? Köln.

Informationsbüro Nicaragua e.V. (Hg.) (1995): LandLos. Berichte und Gespräche zur Landfrage in Nicaragua und Mittelamerika. Nahua script 12, Wuppertal.

Weber, Günther (1986): Die trotzigen Mühen um die Freiheit. Nicaraguas Bauern kämpfen um ihr Land, in: Informationsbüro Nicaragua e.V. (Hg.) Edition Nahua, Wuppertal.

Cáceres, Sinforiano (2007) »el gobierno debe cambiar: el desarrollo rural no se resuelve en secreto«, in: Revista Envío No. 302 (mayo 2007), Managua, online: http://www.envio.org.ni/articulo/3547, 26.06.2015.

Interviews

Aktivist*innen des Movimiento Comunal: Ruiz, Carlos/ Castillo, Janet/ Sergio Saenz, Matagalpa, 17.01.2015.

UCA Pantasma: Rivera Gonzalez, Francisco, Präsident/Del Carmen Rodriguez, Mercedes, Vizepräsidentin/ Centeno, José Luis, Mitglied/ Rios Ochoa, Genaro, Mitglied, Pantasma, 19.01.2015.

Romero, Deyling, Präsidentin der Frauenkooperative »Mujeres Martires del Cebollal«, Miraflor, 20.01.2015.

Merlet, Pierre, Agrarökonom an der UCA (Universidad Centroamericana), Managua, 28.01.2015.

Castillo, Janet, Aktivistin im Movimiento Comunal, Managua, 28.01.2015.

Angelica Alfaro (Centro Humboldt) und
Klaus Heß (Informationsbüro Nicaragua e.V.)

Nicaragua: Weltmarktintegration und Freihandelsverträge

Mit dem Mittel der Weltmarktintegration – das heißt Ausweitung des Exports und Anlocken ausländischer Investitionen – will die Regierung Nicaraguas Stabilität und Wirtschaftswachstum erzielen und damit die Lebensbedingungen der Armen verbessern. Die Exportsteigerungen basieren auf der Ausbeutung von Naturressourcen, insbesondere von Gold, Kaffee, Rindfleisch und Zucker, aber auch auf der billigen Arbeitskraft in den Freihandelszonen (span.: zonas francas). Nach offiziellen Angaben sind 11% des nicaraguanischen Territoriums für den Abbau von Mineralien geeignet; dabei ist der Bergbau Nicaraguas dank der attraktiven Gesetzeslage einer der dynamischsten in Mittelamerika und der Karibik. Ebenso sind die Freien Produktionszonen und die darin angesiedelten Billiglohnfabriken (span.: maquiladoras) mit jährlichen Steigerungsraten zwischen 10 und 30% überproportional am gesamtwirtschaftlichen Wachstum beteiligt.

Ausländische Direktinvestitionen haben sich seit 2010 fast verdoppelt. Investoren kommen insbesondere aus Kanada (26,5%), USA (16,5%) und Mexiko (12%). Unter den europäischen Konzernen sind Unión Fenosa (spanischer Energiekonzern, der eine Privatisierung der Elektrizitätsversorgung vorantreibt), Repsol (Spanien), Unilever (Großbritannien/Niederlande) sowie Bayer, BASF und Siemens (Deutschland) engagiert. Immer noch wirbt Nicara-

Früher hat es einen gemeinsamen Kampf zwischen nördlichen NGO und südlichen Bewegungen gegen die Freihandelsverträge gegeben. Das ist weitgehend eingeschlafen.

Georgina Muñoz, RENICC[1] Managua

guas Regierung mit dem Versprechen im regionalen Vergleich niedriger Löhne um Auslandsinvestitionen. Auslandsinvestitionen sollen auch Großprojekte wie einen internationalen Flughafen bei Montelimar zusammen mit dem spanischen Tourismus-Multi Barceló (Vertragsunterzeichnung im Oktober 2012) und das Tumarin Wasserkraftprojekt im März 2014 mit dem brasilianischen Konsortium CHN[2], Tochter des brasilianischen Konzerns Petrobras, auf den Weg bringen. Seit 2012 werden Pläne verfolgt, einen 278 km langen Kanal durch Nicaragua zu bauen (vgl. Heß und Pichardo Bermúdez 2014).

Die wichtigsten Exportländer sind USA (23%), Venezuela (15,8%), Kanada (12,2%), gefolgt von El Salvador und Costa Rica. Deutschland rangiert auf Platz 13. Nicaragua ist eine Fülle von Wirtschafts- und Freihandelsverträgen eingegangen, darunter mit den zentralamerikanischen Staaten, mit den USA, mit Mexiko, Chile, Kanada, der Dominikanischen Republik und zuletzt mit der EU, obwohl sich die Situation der Kleinbäuer*innen dadurch verschärfen wird.

Einschätzungen von nicaraguanischen zivilgesellschaftlichen Akteur*innen zu den Konsequenzen des Freihandelsabkommens EU-Zentralamerika

Seit dem ALCA[3]-Plan der USA für eine ganz Lateinamerika einschließende Freihandelszone ist ein kontinentales Bündnis gegen Freihandelsverträge in Lateinamerika entstanden, was mittlerweile nach der Verhinderung von ALCA große

---

1   RENICC: span.: Fundación Red Nicaragüense de Comercio Comunitario – dt.: Stiftung nicaraguanisches Netzwerk für kommunitären Handel

2   CNH: span.: Central de Hidroeléctricas de Nicaragua – dt.: Zentrale der Wasserkraftwerke von Nicaragua

3   ALCA: span.: Area de Libre Comercio de las Amércias – dt.: Freihandelszone der Amerikas

Erfolge, auch im Protest gegen CAFTA[4], erzielt hat. Auch in Nicaragua organisieren Bewegungen wie das globalisierungskritische Netzwerk »Otro mundo es posible«[5] den Protest. Das Centro Humboldt bewertet das aktuelle Assoziierungsabkommen AdA[6] der EU mit Zentralamerika folgendermaßen:

- Es wird eine Freihandelszone geschaffen mit Exportmöglichkeiten für mittelamerikanische Produkte und besseren Handels- und Investitionsbedingungen für europäische Unternehmen.
- Der traditionelle Fokus von Entwicklungshilfe und zeitweiser Unterstützung wird abgelöst durch harte Wirtschaftsverpflichtungen und nachhaltige Strukturen in beiden Regionen.
- Statt nachhaltige Entwicklung als wechselseitige Beziehung zwischen Wirtschaft, Sozialpolitik und Umwelt zu begreifen, wird sie im Assoziierungsabkommen AdA ausschließlich im Wirtschaftskapitel behandelt.
- Der Handel müsste ein Mittel zum Erreichen einer nachhaltigen Entwicklung sein, stattdessen setzt das AdA jedoch die Wirtschaftsregeln über alle anderen nachhaltigen und ökologischen Bedingungen.
- Das AdA treibt die Absichten verschiedener europäischer Regierungen voran, durch die Nutzung des umstrittenen Agrosprits eine »grüne Ökonomie« durchzusetzen.
- In Zentralamerika fördern Sektoren wie Agrosprit, Viehwirtschaft, Bergbau und Industrie immense Veränderungen in der Landnutzung und erhöhen den Druck auf die Naturressourcen. 87% der Ethanolexporte Guatemalas gingen 2009 nach Europa, was sich mit dem Inkrafttreten des AdA vergrößern wird.
- Die Exportorientierung führt zur intensivierten Ausnutzung der Umweltressourcen und einem zunehmenden Abbau von Rohstoffen. Dazu kommt ein verstärkter Einsatz von Agrartechnologien und Agrochemie aus Europa.
- Die Importe von Industrieprodukten hemmen die Entwicklung der lokalen Industrieproduktion, außerdem führen sie mit ihren Plastik- und Technologieprodukten zu einer zunehmenden Kontaminierung durch Müll, da in Nicaragua keine adäquaten Wiederaufbereitungskreisläufe existieren.
- Die Prioritäten im Austausch mit der EU werden sich verschieben: von Demokratie, Menschenrechten und der sozialen Entwicklung hin zum Wirtschaftswachstum durch Exporte und regionale Wirtschaftsintegration.

4   CAFTA: engl.: Central american free trade agreement
5   dt.: „Eine andere Welt ist möglich"
6   AdA: span.: Acuerdo de Asociación

Werbeschild des Globalplayer Pellas für Rum in Managua

– Die Strategie der Kooperation 2014-2020 beruht auf drei Pfeilern: Entwicklung des Produktionssektors, Arbeit und Bildung und Anpassung an den Klimawandel. Nachhaltige Entwicklung und Schutz der Naturressourcen sind aus dem Konzept verschwunden.
– Während der Wirtschaftssektor doppelt vertreten ist, sind die Sektoren der Zivilgesellschaft in den Konsultationsgremien der Wirtschaftsintegration nur schwach repräsentiert.
– Die geistigen Eigentumsrechte in den Wirtschaftsverträgen begünstigen die technologisch entwickelten Länder und benachteiligen die Länder mit genetischen Ressourcen und begrenzten technologischen Kapazitäten.
– Der Freihandelsvertrag will ein Monopol auf landwirtschaftliche Pflanzen legen und damit das Nutzungsrecht von Samen für Kleinbäuer*innen einschränken und ihnen verbieten, Saatgut auszutauschen.
– Ein monopolisierter Saatgutmarkt führt zur genetischen Erosion und gefährdet die Ernährungssicherheit und -souveränität.

- Internationale Abmachungen im Klimaschutz, wie Rio 91+, oder der Weltklimarat werden nicht in das Abkommen einbezogen.

Weitere mögliche negative Folgen des Assoziierungsabkommens für Nicaragua

Nur 18% der nicaraguanischen Landwirtschaftsunternehmen sind global wettbewerbsfähig. 420.000 Arbeitsplätze in der Landwirtschaft sind gefährdet[7]. Die einkalkulierte Kehrseite dieser Strategie ist die Migration der Bevölkerung aus den weniger dynamischen Regionen und das Verschwinden der kleinbäuerlichen Landwirtschaft mit ihrer Grundnahrungsmittelproduktion (insbesondere Mais und Bohnen).

Positive Effekte gibt es in der nationalen Wirtschaftsentwicklung zu Gunsten der großen Händler und Exporteure und zum Schaden der Kleinen. Während die EU Zollerleichterungen für 91,2% der Exportprodukte (im Falle Nicaraguas vor allem Kaffee, Garnelen und Langusten sowie Tierhäute und landwirtschaftliche Produkte) gewährt, wird Nicaragua dies zum Schutz einheimischer Produkte bei nur 47,9% der Importwaren tun müssen. Andererseits schützt die Europäische Union aber durchaus ihre eigenen Produkte – so dürfen z. B. mittelamerikanische Bananen nur nach Europa exportiert werden, solange die Produktion der ehemaligen Kolonien (z.b. von den Kanarischen Inseln) nicht beeinträchtigt wird. Außerdem ist zu befürchten, dass mittelamerikanische Bäuer*innen durch Patentrechte in Abhängigkeit von den großen Agro-Chemie-Konzernen wie Bayer oder BASF geraten können. Die Produktion von günstigen Arzneimitteln z.b. gegen AIDS würde unter Verweis auf Patentrechte verboten werden.

Das europäische Interesse liegt vor allem in den natürlichen Ressourcen Mittelamerikas und im Verkauf von Dienstleistungen (z. B. Telekommunikation). Soweit nicht schon geschehen, wird der Privatisierungsdruck auf Strom- und Wasserversorgung, öffentliches Gesundheits- oder Bildungswesen zunehmen und Ausschreibungen für öffentliche Beschaffungen werden für europäische Konzerne geöffnet. Nationale Unternehmen werden in lukrativen Bereichen (Infrastruktur, Tourismus, Exportproduktion, Ausbeutung von Rohstoffen) durch kapitalkräftige europäische Konzerne verdrängt. Hier könnte

---

7   Hier handelt es sich um eine Einschätzung der nicaraguanischen Produzent*innenvereinigung UNAG (Unión Nacional de Agricultores y Ganaderos).

der Einstieg von europäischen Investoren z.B. bei der lukrativ erscheinenden Bioethanolproduktion zu einer noch schnelleren Verdrängung der Nahrungsmittelproduktion und der kleinbäuerlichen Landwirtschaft führen.

Nach einer Analyse der jeweiligen wirtschaftlichen Voraussetzungen der ökonomischen »Partner« ist von einem äußerst asymmetrischen Abkommen zu sprechen, das den neoliberalen Globalisierungstendenzen der großen Konzerne aus den Industrieändern dient. Dem kann nur durch Zusatzabkommen entgegengewirkt werden, die den Interessen der Bevölkerung Zentralamerikas, der Kleinbetriebe im Handwerk und der Landwirtschaft dienen und deren Wettbewerbschancen fördern.

ALBA – die Alternative zum Freihandel?

In Abgrenzung zu den klassischen Freihandelsverträgen liegen dem Staatenbündnis ALBA die folgenden Prinzipien zugrunde (vgl. Fritz 2007): Im Unterschied zur neoliberalen Integration, die die Liberalisierung von Handel und Investitionen priorisiert, rückt ALBA den Kampf gegen Armut und sozialen Ausschluss ins Zentrum. Hohe Bedeutung wird den Menschenrechten, den

Arbeits- und Frauenrechten sowie dem Schutz der Umwelt beigemessen. Ebenso nimmt die Landwirtschaft eine wichtige Stellung ein.

ALBA zufolge negiere der Kampf gegen den Protektionismus und die Agrarsubventionen des Nordens nicht das Recht von Entwicklungsländern, ihre bäuerliche Landwirtschaft zu schützen. Millionen von Menschen auf dem Lande wären sonst von einer Überflutung durch importierte Agrargüter betroffen. Ferner will ALBA die Ursachen von Integrationsblockaden beseitigen: die Armut, die Asymmetrien zwischen den Ländern, den ungleichen Tausch, die unbezahlbare Schuldenlast, die Auferlegung von Anpassungsprogrammen und rigiden Handelsregeln, die Monopolisierung der Kommunikationsmedien sowie die Behinderung von Wissens- und Technologietransfer durch die Verträge zum geistigen Eigentum.

ALBA stellt sich den sogenannten »Reformen« entgegen, die auf die Deregulierung und Privatisierung der öffentlichen Dienste abzielen. Stattdessen brauche es – so die ALBA-Befürworter*innen – eine Stärkung des Staates mitsamt der Beteiligung der Bürger*innen an öffentlichen Angelegenheiten. Entgegen der Apologie vom Freihandel, welcher automatisch zu Wachstum und Wohlfahrt führe, bedürfe es staatlicher Interventionen, um die Disparitäten zwischen den Ländern zu vermindern. Freier Wettbewerb zwischen Ungleichen nütze nur den Starken. Die Vertiefung der lateinamerikanischen Integration erfordere eine wirtschaftliche Agenda, die von souveränen Staaten definiert werde – frei vom schädlichen Einfluss internationaler Organisationen.

Als zentrale Orientierung ALBAs firmieren schließlich die Leitprinzipien der »Kooperation, Solidarität und Komplementarität«, welche eine »endogene Entwicklung« der beteiligten Nationen ermöglichen sollen. ALBA will Kooperationsmechanismen entwickeln, die die zwischenstaatlichen Asymmetrien beseitigen helfen. Gerade weniger entwickelte Länder sollen mit einem ALBA-Beitritt ihre produktiven Kapazitäten verbessern und die Distanz zu den fortgeschritteneren Ökonomien der Region verringern können. Ihnen solle eine »spezielle und differenzierte Behandlung« zukommen, die sich an ihren besonderen ökonomischen und sozialen Bedürfnissen orientiert. Demzufolge greift Venezuela das handels- und entwicklungspolitische Konzept des »special and differential treatment« auf, das mit der Gründung der Welthandelsorganisation WTO eine erhebliche Degenerierung erfahren hat. Zur Unterstützung dieses Konzepts schlägt Venezuela sogenannte »Fonds der strukturellen Konvergenz« vor, welche an die Strukturfonds der Europäischen Union erinnern. Derartige Finanztöpfe wurden mittlerweile im Rahmen des Petrocaribe-Abkommens und des ALBA-TCP-Vertrags eingerichtet.

Fazit

Die EU hat in den Verhandlungen zum Assoziierungsabkommen AdA die Interessen europäischer Konzerne durchgesetzt. Das Abkommen mit Mittelamerika wurde Ende 2013 im Bundestag und Bundesrat angenommen. Es bringt für Mittelamerika keine positiven Impulse und keine eigenständige wirtschaftliche und soziale Entwicklung.

Im Blick auf das geplante Freihandelsabkommen TTIP[8] zwischen der EU und den USA erklärte der ehmalige Handelskomissar Karel de Gucht zu Ende seiner Amtszeit unverblümt, dieses Abkommen werde Standards setzen, an denen der Rest der Welt nicht mehr vorbeikomme. Wenn TTIP durchkommt, wird es keine Chance mehr für Entwicklungspolitische Alternativen in der Welt geben, ebensowenig für eine solidarische und selbstbestimmte Ökonomie sowie für Ernährungssouveränität.

Viele entwicklungspolitische Organisationen in Deutschland und soziale Bewegungen in Mittelamerika kämpfen seit 10 Jahren gegen die Einführung des Assoziierungsabkommens[9]. Auch für TTIP fordern wir nicht nur mehr Transparenz, sondern eine grundlegend andere Handelspolitik. Wenn das CETA und das TTIP unter Dach und Fach sind, wollen EU und USA mit der Wucht der transatlantischen Abkommen widerständige Schwellenländer einsammeln und dann zum globalen Angriff auf die Entwicklungsländer zielen.

Das bundesweite Netzwerk des Fairen Handels hat zusammen mit entwicklungspolitischen Organisationen und kirchlichen Hilfswerken Forderungen des Fairen Handels an die Welthandelspolitik aufgestellt. Diese Forderungen lauten[10]:

1. Handel soll den Menschen dienen und muss daran gemessen werden, was er zur Verwirklichung der Menschenrechte beiträgt.
2. Handelsregeln müssen auf sozialen und ökologischen Mindeststandards basieren.
3. Welthandelspreise müssen die wahren Produktionskosten widerspiegeln und ein menschenwürdiges Einkommen sichern.

---

8   TTIP: engl.: Transatlantic Trade and Investment Partnership – dt.: Transatlantische Handels- und Investitionspartnerschaft
9   Unsere Kampagnenseite findet sich unter www.stop-assoziierung.de
10 Forderungen des Fairen Handels an die Welthandelspolitik, hrsg. vom Forum Fairer Handel, Berlin, Dezember 2014

4. Entwicklungs- und Schwellenländer müssen weitreichende, national angepasste Schutz- und Unterstützungsmaßnahmen für ihre nationalen Produzent*innen durchführen können.
5. Die ökonomische Globalisierung muss politische Gestaltungsfreiheit ermöglichen.
6. Globale Handelspolitik muss demokratischer und transparenter werden.
7. Unternehmen und die öffentliche Hand müssen ihre soziale und ökologische Verantwortung wahrnehmen.
8. Der internationale Handel muss die bäuerliche Landwirtschaft als Garant für Ernährungssicherheit fördern.

Auch wir fordern zusammen mit unseren Partnernorganisationen:
Kein TTIP in Europa und auch nicht anderswo!

Wir stehen gemeinsam dafür ein:

1. Keine vertragliche Festlegung auf neoliberales Wirtschaften
2. Keine Einschränkung des Entscheidungsspielraums für zukünftige Parlamentsmehrheiten und Regierungen
3. Erhalt eines Spielraums zur Entwicklung und Umsetzung selbstbestimmter Entwicklungsstrategien
4. Vorrang der Rechte der Bevölkerung vor Investitions- und Eigentumsrechten
5. Verbesserung der Ernährungssicherheit und -souveränität
6. Schutz und Erhalt der kleinbäuerlichen Landwirtschaft und des lokalen Handels/ der lokalen Industrie.

Literatur

Fritz, Thomas (2007): ALBA contra ALCA. Die Bolivarianische Alternative für die Amerikas: ein neuer Ansatz regionaler Integration in Lateinamerika, FDCL Berlin.

Heß, Klaus und Pichardo Bermúdez (2014): Der umstrittene Kanal. Nicaragua verhandelt über ein milliardenschweres Bauprojekt, in: matices, Zeitschrift zu Lateinamerika, Spanien und Portugal, Nr.77, Köln.

Ulla Sparrer und Julio Sanchez

Ernährungssicherheit, Ernährungssouveränität und Klimawandel in Nicaragua

Mit den Begriffen Ernährungssicherheit und Ernährungssouveränität werden die Politiken eines Staates zur Ernährung der Bevölkerung charakterisiert. Da sie aus unterschiedlichen historischen Zeiten und Zusammenhängen kommen, wollen wir zunächst einmal die Definitionen darlegen, bevor wir auf die nicaraguanische Ernährungs- und damit zusammenhängend auch Klimapolitik eingehen.

Ernährungssicherheit wird als Zustand definiert, in dem alle Menschen zu jeder Zeit physischen, sozialen und ökonomischen Zugang zu ausreichender, gesundheitlich unbedenklicher und nahrhafter Nahrung haben, um ihre Ernährungsbedürfnisse und Nahrungsmittelpräferenzen für ein aktives und gesundes Leben zu befriedigen (FAO; Weltgipfel zu Ernährung 1996). Im Kern kommt dieses Konzept aus dem ersten Weltkrieg. Es wurde als unverzichtbar angesehen, ausreichend eigene Nahrungsmittel zu produzieren, um weder wirtschaftlich, noch politisch oder militärisch angreifbar zu sein. Erst mit der universellen Erklärung der Menschenrechte in der Generalversammlung der Vereinten Nationen (1948) wurde das Ernährungsrecht als Menschenrecht anerkannt. 1966 verabschiedete die Generalversammlung der Vereinten Nationen einen Vertrag zu den internationalen wirtschaftlichen, sozialen und kul-

Früher war das Hauptproblem das Fehlen von Experten*innen, heute ist es der Klimawandel, beispielsweise die sich wegen der Trockenheit ausbreitende Kaffeekrankheit Roya.
Fatima Ismael (Sopexxca)

turellen Rechten. Artikel 11 beinhaltet das Recht auf eine adäquate Ernährung und Schutz vor Hunger.

Ernährungssouveränität (vorgeschlagen von Via Campesina in Rom 1996) geht einen Schritt weiter und schließt das Recht ein, Nahrung nach eigenen Vorstellungen zu produzieren. Ernährungssouveränität betont den Zugang zu Produktionsmitteln wie Land, Saatgut und Wasser, während es bei der »Ernährungssicherheit« in erster Linie um die Verfügbarkeit von Nahrung geht. Anders als »Ernährungssicherheit« geht das Konzept der »Ernährungssouveränität« von dem Recht aller Völker und Länder aus, ihre Landwirtschafts- und Ernährungspolitik selbst zu definieren. Ziel dabei ist es, jedem Menschen zu ermöglichen, sich in Würde selbst zu ernähren. Dabei sollen sowohl unterschiedliche Kulturen als auch die Unterschiede in Produktion, Vermarktung und der Organisation des ländlichen Raums respektiert werden.

Nicaragua nimmt für sich beide Konzepte in Anspruch und hat ein sehr weitgehendes Gesetz zur Ernährungssouveränität erlassen. Die gut 6 Mio. hauptsächlich in der Pazifikregion lebenden Einwohner*innen Nicaraguas sind zu 59% im urbanen Raum angesiedelt. Die (zentralamerikanische) Region produziert eigentlich ausreichend Nahrungsmittel, um ihre Bevölkerung zu ernähren. Der bestehende Hunger und die Unterernährung resultieren aus den mangelnden Zugangsmöglichkeiten zu Nahrungsmitteln. Nicaragua hat das Potential zum Selbstversorger in allen Grundnahrungsmitteln.

Das Bevölkerungswachstum hat abgenommen und ist von 2% (1996) auf 1,3% (2011) gefallen. Diese Tendenz hat zur Folge, dass der Anteil der arbeitsfähigen Bevölkerung schneller als die abhängige Bevölkerung im Kindes-, Schul- oder Rentenalter wächst. Dieses Phänomen nennt man »demographischen Bonus«. In dieser Situation ist der Anteil der Bevölkerung, die arbeitet, spart, investiert und produziert größer, und immer weniger Menschen müssen abhängig ernährt werden, bzw. benötigen Investitionen in Ausbildung (junge Menschen und Kinder) und Gesundheit (ältere Menschen). Das ist eine Chance, ein Land wirtschaftlich voran zu bringen (Julio Sanchez vom Centro Humboldt 15.1.2015).

Die Hauptnahrungsmittel für die Bevölkerung sind Mais mit 21% und Reis mit 17%. Von der Gesamtfläche Nicaraguas (120.339 km²) werden etwa 15% als Ackerfläche genutzt, davon mehr als die Hälfte für die Produktion von sogenanntem »Getreide« (granos básicos) (Reis, Mais, Bohnen). Durch die Ausdehnung der Landwirtschaftsgrenze nach Osten hin zur Atlantikküste ist die landwirtschaftlich nutzbare Fläche– hauptsächlich zur Nutzung als Weiden für die Viehhaltung[1] – auf Kosten des Waldes fast verdoppelt worden. Ackerland zur Produktion von Grundnahrungsmitteln wird knapp in Nicaragua, überdies gibt es eine Flächenkonkurrenz zur Produktion von Exportprodukten, wie z.B. Zuckerrohr für Agrosprit, Palmölpflanzen, Kaffee und Kakao.

Die Nahrungsmittelunsicherheit in der Region geht nicht auf eine unzureichende Produktion zurück, sondern auf die Ungleichheit im Zugang. Nicht jeder Mensch hat ausreichende Ressourcen, um sich jederzeit einen ökonomischen und physischen Zugang zu Nahrungsmitteln in ausreichendem Umfang und guter Qualität zu beschaffen.

Nicaragua importierte 2010 35% des Reises, insgesamt 125.000 Tonnen, 20% des Maises (meistens gelber Mais aus den USA als Tierfutter) und 4% des Bedarfs an Bohnen sowie 100% des Weizens, um Brot und andere Backwaren herzustellen. Fast alle Ernteerträge konnten in den letzten Jahren jedoch gesteigert werden, sodass die Abhängigkeit von den Importen abnimmt.

Nicaragua ist der größte Bohnenproduzent in der Region: im Erntezyklus 2011/12 wurde auf 277.500 Hektar Bohnen geerntet, davon 90% rote Bohnen, die in Nicaragua sehr beliebt sind und 10% schwarze Bohnen. Seit 2006 ist die bewirtschaftete Fläche für Bohnen jährlich um 2,7% gestiegen.

Einen negativen Einfluss hat allerdings das Freihandelsabkommen mit den USA und Mexiko, denn im Rahmen dieses Abkommens werden hoch subventionierte Lebensmittel nach Nicaragua importiert. Diese Preiskonkurrenz hat einen negativen Effekt auf die Eigenproduktion im Lande und das wirtschaftliche Überleben der Bäuer*innen.

---

1 (http://de.scribd.com/doc/51853661/Estructura-Productiva-Nicaragua#scribd, 27.4.2015, 22:17, Seite 5)

Im Zeitraum 2006 – 2008 galten immer noch 19% der Bevölkerung Nicaraguas als unterernährt, in Zentralamerika 14%.[2] Bis zum Jahr 2013 war der Prozentsatz der Unterernährung in Nicaragua auf 16,8% der Bevölkerung gesunken.[3] Unterernährung in Nicaragua ist von 1991 bis heute kontinuierlich um über 30% zurückgegangen.[4]

Hunger ist eine sehr schmerzhafte Empfindung und allen Hungerleidenden fehlt die Ernährungssicherheit. Aber nicht alle, denen Ernährungssicherheit fehlt, haben auch Hunger. Besonders für Kinder und Jugendliche ist das Junkfoodangebot in Nicaragua ein großes Problem. Etwa 5% aller Kinder unter 5 Jahren gelten als fettleibig; ihre Ernährung hat zu wenig Nährstoffe. Zahlreiche Programme in Nicaragua versuchen über Schulen und Schulgärten, den

2   (Sanchez, PPP am 15.1.2015, Vortrag im Centro Humboldt)
3   http://www.bmz.de/de/was_wir_machen/laender_regionen/lateinamerika/nicaragua/
     profil.html, 27.4.2015, 22:46)
4   (http://www.factfish.com/de/statistik-land/nicaragua/unterern%C3%A4hrung%2C%20
     verbreitung 27.4.2015, 22:02)

Kindern die Wichtigkeit einer guten Ernährung zu vermitteln. Dazu gibt es die »Merienda Escolar« (kleine Schulmahlzeit) mit Nahrungsmitteln, die den Schulen bereit gestellt und von den Müttern gekocht werden.[5]

Zur Ernährungssicherheit und – souveränität hat die Politik mit einem vorbildlichen Gesetz reagiert, das die internationalen Vorgaben aufgreift, dem LEY DE SOBERANÍA Y SEGURIDAD ALIMENTARIA Y NUTRICIONAL (Gesetz zur Nahrungsmittelsicherheit und – souveränität) von 2009. Es bietet einen hervorragenden Rahmen, um die Ziele des Welternährungsgipfels 1974 durchzusetzen.[6] Konkret sind die folgenden Maßnahmen genannt:

– Erhöhung von Produktivität und Einkommen durch die Einführung und Stärkung einfacher und billiger Technologien,
– Nutzung von Gründünger und verschiedene Fruchtfolgen im Anbau,
– Waldbewirtschaftung,
– Entwicklung der landwirtschaftlichen Infrastruktur,
– Verbesserung der Bewässerung,
– Erhöhung der Fruchtbarkeit der Böden,
– Bewirtschaften und Ordnen der natürlichen Ressourcen,
– Entwicklung des Marktes,
– Bau von Landwirtschaftsschulen und
– Angebot von Fortbildungen.

Der direkte Zugang zu Nahrungsmitteln soll verbessert (z.B. Schulessen und Schulgärten fördern) und Sozialversicherungssysteme (z.B. Renten und Arbeitslosengeld) sollen geschaffen werden, um den Menschen die ökonomischen Ressourcen und damit den Zugang zu Nahrungsmitteln zu geben. Geschlechtergerechtigkeit und Bürgerbeteiligung sind ebenfalls Forderungen, die zur Transparenz rund um den Nahrungsmittelzugang beitragen. Die wichtigsten Faktoren für eine gesunde Ernährung sind die Lebensstile der Personen, die Ernährungssituation der Bevölkerung, Zugangsmöglichkeiten zu und Qualität der Gesundheitsdienste, Trinkwasser, hygienische Abwasserentsorgung und Energiequellen. Wie so oft fehlen allerdings ausreichende ökonomische Ressourcen zur Durchführung der im Gesetz vorgeschlagenen Maßnahmen.

5 (http://tortillaconsal.com/tortilla/en/node/11368, 3.5.2015, 12:10)
6 (http://www.asamblea.gob.ni/dpcsa/ley-ssan.pdf, 3.5.2015)

In den Jahren 2007 bis 2009 wurde in Nicaragua das »Null-Hunger« Programm (Hambre Zero) eingeführt. Mehr als 33.000 Familien, in der Regel die Frauen, erhielten den »Bono productivo«, eine Unterstützung mit Saatgut, trächtigen Nutztieren und Beratung. Der Wert des »Bono Productivo« betrug 2.000 Dollar, wovon 1.500 Dollar Sachleistungen waren und 500 Dollar für Beratung bereit standen. Bis 2010 wurden insgesamt 63.500 arme Frauen auf dem Land unterstützt.[7] Ebenso wurden in 2007 – 2008 über 100.000 landwirtschaftliche Produzenten von Grundnahrungsmitteln mit Saatgut unterstützt.[8]

Es gibt eine kritische Diskussion darüber, wie nachhaltig diese einmalige Unterstützung mit einem »Bono productivo« inclusive Beratung für die dauerhafte Umsetzung der zukünftigen Ernährung der Familie sei, aber nach allgemeiner Einschätzung führt sie doch bei etwa 25% der Familien zu einer Ausweitung der Selbstversorgung in der Ernährung. Es gab auch Kritik daran, dass der Besitz eines kleinen Grundstückes eine der Teilnahmevoraussetzungen war, um die übergebenen Tiere halten und ernähren zu können. Die ganz arme grundbesitzlose Landbevölkerung war damit von dem Programm

---

7   (http://www.elnuevodiario.com.ni/opinion/90657-programa-productivo-alimentario-su-expresion-concr/ 27.4.2015, 22.30 Uhr)
8   (http://www.magfor.gob.ni/descargas/planes/PNDH.pdf)

ausgeschlossen. Auch die Überlastung der Frauen mit dem dreifachen Anspruch von Haushalt, Kindererziehung und Alleinzuständigkeit für die Ernährung wurde kontrovers diskutiert.

Zahlreiche NGOs versuchen im städtischen und ländlichen Raum Gemüseproduktion in kleinen hausnahen Gärten zu fördern, um die Ernährung zu verbessern und zu diversifizieren. Die Frauen nutzen z.T. alte Autoreifen, um darin Möhren, Tomaten, Tee oder Gewürze anzubauen. Einige dieser Projekte sind sehr erfolgreich.

Die Verbesserung der Infrastruktur -insbesondere Straßenbau und Stromanschluss in den ländlichen Gegenden- war eine wichtige Maßnahme für die Bevölkerung, um Märkte zu erschließen und die Lebensqualität zu erhöhen.

Der sich verschärfende Klimawandel hat allerdings negative Folgen für die Nahrungsmittelproduktion in Nicaragua. Dürren (El Niño) wechseln sich ab mit Hurrikans oder Starkregenereignissen (La Niña) – immer wieder gehen Ernten in weiten Landstrichen verloren. Die steigende mittlere Jahres-Temperatur macht erweiterte Bewässerungssysteme erforderlich, denn viele Felder können nicht mehr ausreichend natürlich bewässert werden. Zur Zeit werden ungefähr 90.000 ha bewässert, meistens Zucker (66%) und Reis (30%). In viel geringerem Umfang wird der Anbau von Früchten, Bananen, Gemüse, Mais und Bohnen bewässert.[9]

Zusätzlich haben sich die Jahreszeiten verschoben, die Regenzeit beginnt nicht mehr so pünktlich im April, wie es in der Erinnerung der Eltern und Großeltern seit jeher in Nicaragua war, auch die Trockenzeit im November/Dezember beginnt später. Einige Kulturen, wie z.B. Kaffee, können diesen Wechsel schlecht vertragen und entwickeln Schädlinge oder produzieren schlechtere Qualität. Der Anbau von Kaffee muss überdies auf höhere Anbaulagen verlegt werden, da in Lagen unter 1000 m die Temperaturen zu hoch geworden sind, um gute Qualität an Kaffee produzieren zu können. Ersatzweise wird in den tieferen Lagen nun Kakao angebaut.

Auch die Einführung von Hochwassersicherungssystemen sind wichtig, um die Bevölkerung vor plötzlichen Regenereignissen zu schützen. Ebenso muss das Wasser in den höheren Lagen zurückgehalten werden, um die Erosion von Böden durch starken Wasserabfluss zu verhindern. In ganz Nicaragua gibt es überdies die verschiedensten Wiederaufforstungsprogramme, um die Böden und den Wasserhaushalt zu stabilisieren und das Klima zu verbessern.

---

9 (http://de.scribd.com/doc/51853661/Estructura-Productiva-Nicaragua#scribd, Seite 7)

Nach Informationen von MARENA[10] hat Nicaragua zwischen 1980 und 2000 etwa 20.000 km² an Waldfläche verloren, viel davon durch illegalen Holzeinschlag.[11] Eine weitere Ausdehnung der Landwirtschaftsgrenze ist in Nicaragua nicht mehr möglich. Der Wald ist in großen Teilen bereits abgeholzt. Die wenigen Bereiche, die noch übrig sind, werden als Naturschutzgebiete ausgewiesen, aber auch hier gibt es zu wenig Personal, um illegalen Holzeinschlag in diesen Gebieten zu verhindern.

An vielen Stellen wird in Nicaragua heute versucht, sich den Klimafolgen anzupassen und die Böden für die Nahrungsmittelproduktion zu sichern. Dies kann allerdings nur in weltweiter Zusammenarbeit mit den Staaten und Bewegungen des globalen Nordens erfolgreich sein, denn grundsätzliche Einflüsse auf den Klimawandel stehen nicht in der Macht des kleinen Landes. Die Emission von klimaschädlichem CO_2 pro Person in Nicaragua liegt mit ca. 0,8 Tonnen weit unter den etwa 10 Tonnen, die durchschnittlich für die Bundesrepublik angesetzt werden. Klimagerechtigkeit muss deshalb durch weltweite Maßnahmen hergestellt werden.

---

10 MARENA: Ministerio del Ambiente y los Recursos Naturales – dt.: Ministerium für Umwelt und Naturressourcen
11 (http://de.scribd.com/doc/51853661/Estructura-Productiva-Nicaragua#scribd, Seite 15)

Elfi Wernz

Die Zuckerindustrie in Nicaragua
Arbeitsbedingungen und Gesundheitsbelastungen

Die Zuckerrohrproduktion in Nicaragua ist im Vergleich beispielsweise zu Brasilien gering, sie hat für das Land aber große wirtschaftliche Bedeutung. Neben Kaffee, Rindfleisch und Gold ist Zucker mit ca. 80 Mio. US-Dollar ein wichtiges Exportprodukt für Nicaragua. Zuckerrohr wird auf einer Fläche von 77.000 Hektar angebaut mit einer jährlichen Steigerung von 10%. 2014-2015 wurden 6 Mio t Zuckerrohr eingebracht, daraus wurden 1,6 Mio t Zucker erzeugt. Es gibt vier große Unternehmen. Nicaragua Sugar Estades Ltd. (NSEL) der Familie Pellas bewirtschaftet 25.000 Hektar Land, das ihnen gehört, sie gepachtet haben oder dessen Produktion sie aufkaufen. Aus dem Zuckerrohr gewinnen sie jährlich 300.000 t Zucker, daneben noch Rum und Agrosprit, diesen mit einer Kapazität von 450.000 Litern Ethanol pro Tag. In den letzten zwei Jahren wurde das Anbaugebiet bis León und dem indigenen Territorium Sutiava um 1.100 Hektar ausgeweitet. Zur Energieerzeugung durch Biomasse pflanzen sie seit 2007 Eukalyptus auf 3.800 Hektar, um dadurch pro Jahr 0,9 Mio. Zentner Holz zu produzieren. Zusammen mit den 0,9 Mio. Zentnern, die schon durch die Fabrik in San Antonio produziert werden, können 60 MW erzeugt werden. Palmölplantagen bewirtschaftet Palmares del Castillo SA (PALCASA) im Umfang von 3.600 Hektar im Dep. Río San Juan und Pellas in einer Raffinerie in Chinandega, wodurch 8.3 Mio Liter Biodiesel jährlich produziert werden können. Laut Energieplan für 2017 gibt es 200.000 Hektar, die für den Zuckerrohranbau geeignet

 *Der Bürgermeister von Chichigalpa hat uns erklärt: Früher musste Pellas immer eine Genehmigung einholen, wenn er einen neuen Brunnen bohren wollte. Wegen der Niereninsuffizienz hat ihm die Stadtverwaltung dann einmal die Genehmigung versagt. Seitdem bohrt Pellas neue Brunnen ohne Genehmigung.*
Carmen Rios – ANAIRC

sind (513 Mio Liter Ethanol) und 200.000 Hektar, die für Palmölplantagen geeignet sind, um 662 Mio Liter Biodiesel zu produzieren.

In der Pazifikregion ist das Unternehmen NSEL der Familie Pellas mit seiner Zucker-, Rum- und Ethanol-Produktion und ca. 35.000 Beschäftigten der wichtigste Arbeitgeber. Fast die gesamte Bevölkerung lebt direkt oder indirekt vom Zuckerrohranbau. Insbesondere durch den steigenden Bedarf nach Agrosprit in der Ersten Welt werden die Anbauflächen von Zuckerrohr ausgeweitet und damit Kleinbäuer*innen und kleinbäuerliche Landwirtschaft verdrängt. Die Zuckerrohrplantagen kommen immer näher an die Wohnsiedlungen der Landbevölkerung heran. Die Abhängigkeit der Bevölkerung vom Zuckerrohranbau wird immer gravierender. Die Ländereien gehören entweder den Zuckerproduzent*innen oder die Kleinbäuer*innen sind vertraglich verpflichtet, Zuckerrohr an die Großunternehmen zu liefern.

Seit einigen Jahrzehnten ist in den Gebieten der Zuckerrohrplantagen zu beobachten, dass die Zuckerrohrarbeiter*innen, aber auch zunehmend die auf oder neben den Plantagen lebenden Familien, an chronischem Nierenversagen leiden. Mitte der 1990er Jahre gingen erste Beschwerden über eine Häufung von Nierenbeschwerden ein. Ende des Jahres 2000 veröffentlichte das Gesundheitszentrum in Chichigalpa eine Statistik, aus der nachweislich hervorging, dass es eine Häufung von chronischer Niereninsuffizienz in dem Gebiet um Chichigalpa gab, zu der auch die Zuckerfabrik San Antonio der Pellas-Unternehmensgruppe gehört. 2005 gab es massive Proteste der Betroffenen. In der Folge gründeten sie 2009 die Selbsthilfeorganisation »Nicaraguanische Assoziation von Betroffenen chronischer Niereninsuffizienz« (ANAIRC)[1]

---

1 ANAIRC: span.: Asociación Nicaragüense de Afectados por Insuficiencia Renal Crónica – www.nicaraguasugarirc.wordpress.com

und errichteten in Managua ein Dauercamp, um ihre Situation öffentlich bekannt zu machen.

In einem Gespräch mit der Präsidentin von ANAIRC, Carmen Rios, berichtete sie über die Arbeit und die Forderungen der Selbsthilfeorganisation. Bislang seien 20.000 Menschen an chronischer Niereninsuffizienz erkrankt, davon seien bereits 8.916 gestorben. Carmen Rios: »Es ist ein Kampf der Schmerzen und der Tränen. Wir verlieren ständig Familienangehörige.« Da es nicht unüblich ist, dass in den Familien acht Kinder aufwachsen und leben, ist es auch nicht verwunderlich, dass es bereits ca. 70.000 Waisen gibt. Die Regierung übernimmt mittlerweile das Schulgeld und die Schulmaterialien für diese Kinder, so dass sie zumindest die Schule besuchen können. Die zentralen Forderungen von ANAIRC sind:

- Sauberes Trinkwasser
- Gesundheitsversorgung
- Rentenansprüche
- Entschädigung

Das Parlament unter der Regierung Ortega hat mit dem Gesetz 456 eine Grundlage für Rentenzahlungen und die Kostenübernahme bei der Gesundheitsversorgung der betroffenen kranken Zuckerrohrarbeiter*innen geschaffen. Allerdings profitieren nicht alle Betroffenen davon. Um Sozialleistungen zu bekommen, muss eine Beschäftigung von mindestens 26 Wochen nachgewiesen werden. Dies ist aber oft nicht möglich, da die Zuckerrohrernte Saisonarbeit ist und viele Arbeiter*innen in keinem festen Arbeitsverhältnis stehen. Sie erreichen schlichtweg nicht die notwendigen Anwartschaften. Diese Situation wird mittlerweile durch den Umstand verschärft, dass immer mehr junge Menschen nach ein oder zwei Zuckerrohrernten an dem chronischen Nierenleiden erkranken. Bei der Gesundheitsversorgung ist es ähnlich. Die Kapazitäten in den Krankenhäusern, beispielsweise für Dialysen, sind für die Vielzahl der zu versorgenden Kranken nicht ausreichend. Die Versorgung mit Medikamenten und Schmerzmitteln ist allerdings besser geworden. Carmen Rios: »Wir haben jetzt Schmerzmittel und damit sterben wir jetzt weniger qualvoll.«

Die Forderung nach Entschädigung ist nach wie vor nicht erfüllt. Die Unternehmensgruppe Pellas sieht sich nicht in der Verantwortung für die erkrankten Zuckerrohrarbeiter*innen und ist daher auch nicht bereit, Entschädigungszahlungen zu leisten. Auch die Versorgung mit unbelastetem Trinkwasser ist nicht ausreichend und flächendeckend gegeben.

Bezüglich der Ursachen für die massive Erkrankung an Niereninsuffizienz gibt es keine ausreichend gesicherten wissenschaftlichen Erkenntnisse. Für Carmen Rios und ihre Mitstreiter*innen ist der seit Jahrzehnten massive Einsatz von Pestiziden auf den Zuckerrohrfeldern in früheren Jahren, z. B. auch der Einsatz des hochgiftigen DDT, verantwortlich für die schweren Gesundheitsschäden. Diese Pestizide belasten den Boden bereits seit Jahrzehnten und verseuchen das Trinkwasser. Mittlerweile ist der Einsatz besonders giftiger Pestizide verboten, aber der bereits verseuchte Boden, die langfristige Wirkung aus dem Mix verschiedener Pestizide und unzureichende Kontrollen haben nicht zur Entspannung der Situation beigetragen. Nach einer Zuckerrohrernte erkranken durchschnittlich 90 bis 100 Arbeiter*innen neu. Jährlich werden die Arbeiter*innen der Zuckerrohrverarbeitungsanlage[2] San Antonio gesundheitlich untersucht. Wer an chronischer Niereninsuffizienz erkrankt ist, wird entlassen.

Wissenschaftler*innen und Ärzt*innen u. a. der Universität in Leon machen für den Ausbruch der Krankheit auch die extremen Arbeitsbedingungen mit verantwortlich. Akkordarbeit, lange Arbeitstage und Arbeit in der glühenden Hitze auf den schattenlosen Zuckerrohrfeldern führen oft zu Dehydrierung. Eine ungenügende Versorgung mit sauberem Trinkwasser und schlechter Ernährung begünstigen ebenfalls das Nierenversagen.

ANAIRC wird auch weiterhin in Managua mit seinem Camp auf sich aufmerksam machen. Auch vor der Zuckerrohrfabrik San Antonio gibt es Proteste, die leider nicht immer friedlich verlaufen sind und auch ein Toter und weitere Verletzte sind zu beklagen. Für die Betroffenen im Camp ist Öffentlichkeitsarbeit über die Situation und Arbeitsbedingungen der Zuckerrohrarbeiter, auch in Deutschland, sehr wichtig. Es kann nicht angehen, dass – wie geschehen – die Weltbank dem Firmenkonsortium Pellas Kredite für den Ausbau der Zuckerrohrproduktion gibt, ohne zumindest strenge Auflagen für menschengerechte Arbeitsbedingungen zu fordern und diese auch kritisch zu überprüfen. Carmen Rios: »Der Schmerz gibt uns die Kraft, unseren Kampf weiter zu führen.«

2   span.: Ingenio San Antonio

Andrés Schmidt und Klaus Heß

Fazit einer Forschungsreise: Was bleibt?

Die Ergebnisse aus einem Monat intensiver Kontakte und Gespräche in Nicaragua und Kuba sind nun dokumentiert. Was haben wir gelernt? Welche Konsequenzen ergeben sich?

Akteur*innen an der Basis

Kennengelernt haben wir eine Vielzahl emanzipatorischer Ansätze in der landwirtschaftlichen Praxis. Kleinbäuerliche Familien in Nicaragua organisieren sich, um ökologische Anbauweisen zu erlernen. Kubanische Rentner*innen tun sich in Gartenbauprojekten zusammen und tragen einen relevanten Teil zur Versorgung des Landes mit Gemüse bei. Die einen verteidigen und entwickeln die Kooperative als Produktionsform, die anderen kritisieren sie. In beiden Ländern sind es die Produzierenden selbst, die ihre Praxis eigenverantwortlich gestalten wollen und mit zunehmendem Selbstbewusstsein agieren.

Staat in Kuba und Nicaragua

Viel haben wir auch über die Rolle des Staates erfahren, der in beiden Ländern die Wirklichkeit des ländlichen Raums entscheidend prägt. Die Landwirtschaftspolitik spiegelt nicht nur die Kräfteverhältnisse im Land, sondern ist auch mächtigen externen Faktoren unterworfen, seien es Freihandelsver-

Protestcamp der erkrankten Zuckerarbeiter*innen in Managua

träge, die US-Blockade oder das solidarische Bündnis ALBA[1]. In Kuba sind, ausgehend von einem sozialistischen Staat, Kooperativen als neue Akteurinnen entstanden. Die Agrarökologie spielt eine große Rolle, es wurde eine urbane und suburbane Landwirtschaft aufgebaut. Das Landwirtschaftsministerium versucht eine globale, an den Notwendigkeiten der Bevölkerung orientierte Politik mit starker Kontrolle und Intervention zu realisieren.

Das traditionell agrarisch geprägte Nicaragua hingegen hatte immer schon einen starken kleinbäuerlichen Sektor, der in den 1980er Jahren kooperativenförmig organisiert wurde und der heute unter dem Druck des Weltmarkts, einer kapitalistischen Wachstumsökonomie und zu Ende gehender Landressourcen in den Genuss einer Förderung durch Staat und NGOs kommt. Gleichzeitig setzt die neu-sandinistische Regierung auf private Großproduktion für den Export.

Die staatlicherseits zugedachte Rolle der Kooperativen unterscheidet sich in Kuba und Nicaragua stark: In Nicaragua agieren sie ohne spezielle För-

---

1   ALBA: span.: Alianza Bolivariana para los Pueblos de Nuestra América – dt.: Bolivarianische Allianz für Amerika – www.portalalba.org

derung im kapitalistischen Raum, mit allen Freiheiten und Gefahren, in Kuba als hoffnungsvolles Produktionsmodell protegiert und kontrolliert.

Verbindung dort – hier

Die Phänomene in Nicaragua haben ihr Gegenstück in Europa: Die Zuckerproduktion in Nicaragua wird ausgeweitet, weil die Nachfrage nach Agrosprit bei uns steigt. Folgenreich ist auch der Flächenhunger eines Lebensstils in Europa, mit dem die Ressourcen der Welt so massiv verbraucht werden, als ob wir mehrere Planeten von der Größe der Erde zur Verfügung hätten. Unsere Konsumentscheidungen haben weltweite Auswirkungen. Handelsverträge unserer Regierungen zementieren die Ungleichverteilung des weltweiten Reichtums. Industrielle Landwirtschaft und industrielle Fleischerzeugung nutzen die Ressourcen im kurzfristigen Profitinteresse, sie verlangen hohen Dünger- und Pestizideinsatz, laugen die Böden aus und machen die Bäuer*innen abhängig von der Agroindustrie, den Händler*innen, Transportunternehmen und Spekulant*innen. Tatsächlich ist die kleinbäuerliche Produktion viel intensiver und effektiver und in der Lage, die gesamte Menschheit zu ernähren.

Unsere Rolle als Delegation

Wir sind also alles andere als unbeteiligte Beobachter*innen. Wie aber schauen wir? Unsere Position ist geprägt von unseren eigenen lebensweltlichen Erfahrungen und Einbindungen, als Gewerkschafterin, als Städter, als Engagierter in der Solidaritätsbewegung, als Forscherin. Unser Ziel ist nicht, Regierungen oder Bewegungen in fernen Kontinenten zu kritisieren oder zu verurteilen, sondern Schlussfolgerungen für unser eigenes Handeln zu entwickeln und mit Akteur*innen im Süden gemeinsam umzusetzen. Als im globalen Maßstab denkende Linke müssen wir Antworten finden, die von einem Universalismus her gedacht das Interesse »aller« im Blick haben.

Bewertung und Lehren: Perspektivenwechsel

Vor Ort ergibt sich jedoch – wie so oft – ein anderes Bild: Für unsere Gesprächspartner*innen von der Ökonomischen Fakultät der Universität von Havanna sind die Prioritäten andere: Die ökologische Landwirtschaft ist dann willkommen, wenn sie der Versorgung der Bevölkerung unter den Be-

Die Autoren dieses Artikels beim Symposium zu Kooperativen in der Universität in Havanna

dingungen der US-Blockade dient. Die Nahrungsmittelversorgung Kubas ließe sich aber vor allem durch Erleichterungen beim Import von Technologie und Düngemitteln verbessern. Natürlich machen wir uns im Sinne des Weltklimaschutzes die Forderung der weltweiten kleinbäuerlichen Oganisation Via Campesina nach Ernährungssouveränität zu eigen und befürworten Regionalisierung und Selbstversorgung. Aber auf den Export von Agrarprodukten zur Devisenbeschaffung können die Gesellschaften Nicaraguas und Kubas vorläufig nicht verzichten.

So lernten wir, andere Fragen zu stellen: Können Devisen auch durch kleinbäuerliche Landwirtschaft beschafft werden? Können auch exportorientierte Großbetriebe, etwa kubanische Zuckerkooperativen, ökologisch(er) wirtschaften?

Wie in jedem guten Lernprozess tauchten eine ganze Reihe weiterführender Fragen auf, die darauf warten, bei der nächsten »solidarischen Untersuchung« beantwortet zu werden:

Bezogen auf Nicaragua blieb uns die Position des Staates zu den Kooperativen unklar: Warum fördert der Staat Kooperativen nicht als »soziale Unternehmen«, wie diese sich selbst sehen? Kooperativen könnten zum Beispiel das kleinbäuerliche Hilfsprogramm »bono productivo« in organisierter und begleiteter Form sinnvoller selbst umsetzen als der Staat, der damit zudem die nachhaltige Organisationsform der Kooperative gefährdet durch Zahlung an Einzelbäuer*innen in der Kooperative.

Und ist das, was wir über die Kooperativen erfahren haben, auch eine Anregung für unsere Landwirtschaft?

Kontrovers blieb auch unser Verhältnis zum Staat als Akteur in der Landwirtschaft. Lehnen wir nicht traditionell »Forderungen an den Staat« ab (vgl. nahua script 12 LandLos). Wenn nein: Wie soll der Staat Landwirtschaft unterstützen? Soll er eine Subsistenz-Perspektive fördern im Sinne einer Ernährungssouveränität? Soll er Aufgaben in Vermarktung, Krediten, Saatgut und Sortenzucht übernehmen, Kooperativen stärker anerkennen und ausbauen? Wie kommen wir damit zurecht, dass der autoritäre, zentralistische Staat Kuba die bessere, verantwortlichere Landwirtschaftspolitik macht, verglichen mit der EU oder anderen lateinamerikanischen Ländern?

Wer gestaltet die Landwirtschaftspolitik in Nicaragua? Nach welchen Richtlinien? Wieviel Macht haben der Unternehmer Pellas und andere Unternehmen/Konzerne? Was halten wir von der Politik des nicaraguanischen Präsidenten Ortega, die gleichzeitig Großproduzent*innen und private Kleinbäuer*innen fördert? Liegt hier Klientelismus in beiden Richtungen zugrunde oder eine politische Entscheidung zugunsten der Versorgungssicherheit?

Welche Produktionsformen bieten die besten Möglichkeiten zur Teilhabe von Frauen oder Schwarzen? Sollten die Regierungen der Region nicht angesichts der massiven Auswirkungen des Klimawandels in ihren Ländern offensiver die Forderung nach Klimagerechtigkeit vortragen?

Wir: Handlungskonsequenzen

So bleibt am Ende die Feststellung, dass die beste Solidarität darin besteht, dass wir unsere Rolle einnehmen:

- in der Unterstützung der Nahrungsmittelproduktion in kleinbäuerlichen Betrieben mit intensiver Bewirtschaftung, in der Nachhaltigkeit des Anbaus, d.h. in der Erhaltung der natürlichen Ressourcen
- in der Solidaritätsarbeit mit Kleinbäuer*innen und Kooperativenorganisationen im Globalen Süden

- im Konsum lokal, regional und nachhaltig erzeugter Produkte im saisonalen Wechsel sowie Produkten aus Fairem Handel
- in der Veränderung der EU-Agrar- und Handelspolitik hin zu Handelsbeziehungen, die auf politischen Dialog, auf ressourcenschonende Produktion, auf Klimagerechtigkeit und Partizipation ausgerichtet werden statt auf Verwertung, Konzerninteressen und Gewinne
- indem wir auch auf internationaler Ebene dazu beitragen, der Forderung nach Klimagerechtigkeit Nachdruck zu verleihen.

Das Assoziierungsabkommen EU-Zentralamerika ist beschlossen. Als nächstes sehen wir unsere Aufgabe in einem Monitoring gemeinsam mit Kolleg*innen aus Zentralamerika, um die Auswirkungen des Abkommens zu dokumentieren und ein Alternatives Handelsmandat einzufordern.

Die Gesprächspartner*innen unserer Reise

Besuchstermine Kuba

30.12.14	ACPA	Asociación Cubana de Producción Animal, Kubanische Gesellschaft für Tierproduktion, Guantanamo, Gespräch mit mehreren Mitarbeiter*innen
30.12.2014	Lomerío	Zeitschrift Suplemento von Venceremos, Gespräch mit dem Redaktionsteam
30.12.2014	ICAP	Instituto Cubano de Amistad con los Pueblos. Kubanische Freundschaftsgesellschaft.
01.01.2014	CCS	Alfonso Martinez Diaz (Schweinezucht)
	Nebenerwerbsbauer	Javier Vidal Durant
02.01.2014	Zuckerfabrik	Martinez Guantanamo
	CITMA	Ricardo Estebe, Mitarbeiter des Ministerio de Ciencia, Tecnología y Medio Ambiente – dt.: Ministerium für Wissenschaft, Technologie und Umwelt
03.01.2014	Kaffeefinca CCS	Farola Pass
	UEB	Organopónico Baracoa (Unidad Estatal Basica de Produccion)

05.01.2014	UPBC Cane	Kokosplantage
05.01.2014	CPA Lazaro Pena	Kakao
08.01.2015	Havanna, Nahrungsmittelkonservierungsprojekt	Vilda Figuero und Pepe Lama, Projecto Communitario Conservacion de Alimentos
	Agrarökologische Privatfarm	Fernando Funes
09.01.2015	Martin Luther King	Bildungszentrum Havanna
09.01.2015	Alamar	Organopónico Alamar
10.01.2015	Symposium La Habana Universität	Mit Amando Nova, Dekan der Ökonomischen Fakultät der Universität von Havanna und Mitglied der Agrar-Expert*innenkommission der kubanischen Regierung zum Thema Kooperativen und Staat, Lisandra Palenzuela, Ökonomin an der Universität in Havanna zum Thema urbane/suburbane Landwirtschaft

Besuchstermine Nicaragua

13.01.15	CAPRI (Centro de Apoyo a Programas y Proyectos)	Gespräch mit Wendy Carache, Norma Rocha, Ana Rosa Vanegras, Maria Juliana Hurtado, Marcial Rivas Hurtado; Barrio Monsenor Lezcano, Managua
	Ministerium MEFCCA (Ministerio de Economia familiar, Cooperativa, Comunitaria y asociativa)	Gespräch über Agrarpolitik, Kooperativen und Sozialprogramme, Managua
	Popul Na	Gespräch mit Mónica López Baltodano Vorstand der Stiftung Popul Na, Anwältin und Politikwissenschaftlerin zum Thema Nicaraguakanal, Managua

14.01.2015	Symposium	Centro Humboldt Managua mit Vorträgen von Angelica Alfaro (Centro Humboldt), Georgina Muñoz (RENICC), Julio Sánchez (Centro Humboldt), Maura Paladino (Centro Humboldt), William Montiel (Centro Humboldt), Tania Sosa (Centro Humboldt), Managua
15.01.2015	Anairc	Carmen Rios, Managua
16.01.2015	Odesar	Landwirtschaftsschule San Dionisio
17.01.2015	Movimiento Comunal Matagalpa	Gespräch mit Ruth Herrera, Cynthia Rodriguez, Sergio Saenz u.a., Matagalpa
18.01.2015	Cuculmeca	Verein zur Bildung und Kommunikation mit Programmen der Erwachsenenbildung auf dem Land. Jinotega
19.01.2015	UCA	Kooperativenunion, Pantasma
	Sopexxca Jinotega	Gespräch mit Fatima Ismael und Besichtigung Schokoladenfabrik
20.01.2015	Cuculmeca	Gespräch mit Rita Muckenhirn
21.01.2015	Frauenkooperative	Gespräch mit Deyling Romero, Präsidentin der Frauenkooperative „Mujeres Martires del Cebollal" in Miraflor
	UCA	Kooperativenunion in Miraflor,
	FEM	Fundación entre mujeres. Landfrauenstiftung. Gespräch mit der Präsidentin Diana Martinez
22.01.2015	Frauenkooperative	Frauenkooperative Xochilt Acalt, Malpaisillo, Gespräch mit der Präsidentin Mertxe Brosa

Folgende Personen haben an dem Projekt der Agrarpolitischen Reise teilgenommen: Alexandra Hespe, Andrés Schmidt, Anne Tittor, Elfi Wernz, Ev Bischoff, Franzisca Stern, Jo Goebel, Jochen Schneider, Kai Beutler, Klaus Heß, Lothar Jessen, Sabine Beutert, Ulla Sparrer, Wolfgang Schwab

Alle haben in unterschiedlichem Maße an Reisevorbereitung und -durchführung, Organisation der Gespräche, Dokumentation, kollektiver Nachbereitung und Auswertung, Erstellung eines Films und dieser Publikation mitgewirkt.

Glossar

Kuba

AC: Asociaciones Campesinas – Bäuerliche Vereinigungen

ACPA: Asociación Cubana de Producción Animal – Kubanische Vereinigung der Tierproduzent*innen

ANAP: Asociación Nacional de Agricultores Pequeños – Nationale Vereinigung der Kleinbäuer*innen

CCS: Cooperativa de Créditos y Servicios – Kredit- und Dienstleistungs-Genossenschaften

CPA: Cooperativa de Producción Agraria – Landwirtschaftliche Produktions-Kooperativen

INRA: Instituto Nacional de Reforma Agraria – Nationales Institut der Agrarreform

MINAZ: Ministerio del Azúcar – Zuckerministerium

organopónico: Stadtgarten (häufig in organischer Anbauweise angelegt)

PIAL: Programa para Inovaciones en la Agricultura Local – Programm für Innovationen in der lokalen Landwirtschaft

UEB: Unidades Empresariales de Base – Unternehmerische Basiseinheiten (Staatsbetrieb)

UBPC: Unidades Básicas de Producción Cooperativa – Basiseinheiten zur kooperativen Produktion (Kooperative, aus einem Staatsbetrieb entstanden)

Nicaragua

AdA: Acuerdo de Asociación – Assoziierungsabkommen (zwischen Zentralamerika und EU)

ALBANISA: Alba de Nicaragua Sociedad Anónima – ALBA Nicaragua Aktiengesellschaft (zu ALBA s.u.)

APP: Area Propiedad del Pueblo – Volkseigene Unternehmen (Sektor der ehemaligen Staatsbetriebe)

CAS: Cooperativa Agricola Sandinista – Sandinistische Agrarkooperative

CECOCAFEN: Central de Cooperativas Cafetaleras del Norte – Zentrale der Kaffee-Kooperativen des Nordens

CIPRES: Centro para la Promoción, la Investigación y el Desarrollo Rural y Social – Zentrum für ländliche und soziale Förderung, Forschung und Entwicklung

FENACOOP: Federación Nacional de Cooperativas – Nationaler Kooperativendachverband

INFOCOOP: Instituto Nicaragüense de Fomento Cooperativo – Nicaraguanisches Institut zur Entwicklung des Kooperativenwesens

UCA: Unión de cooperativas agricolas – Union der Agrarkooperativen

UNAG: Union nacional de agricultores y ganaderos – Nationale Union der Landwirt*innen und Tierzüchter*innen

Sonstiges

ALBA: Alianza Bolivariana para los Pueblos de Nuestra América – Bolivarianische Allianz für Amerika (lateinamerikanische Staatengemeinschaft, die anti-neoliberal ausgerichtet ist, von Antigua und Barbuda, Bolivien, Dominica, Ecuador, Grenada, Kuba, Nicaragua, St. Kitts und Nevis, St. Lucia, St. Vincent und die Grenadinen, Venezuela)

COMECON: Consejo de Ayuda Mutua Económica – Rat für Gegenseitige Wirtschaftshilfe RGW (ehemalige Wirtschaftsgemeinschaft des sozialistischen Ostblocks)

script

Hrsg.: Informationsbüro Nicaragua e.V.

Nahua Script 13

Recht auf Stadt – Gemeinwohlorientierte Selbstorganisation in Lateinamerika

Dieses Script ist das Ergebnis einer Reise durch Südamerika. Überall – in Uruguay, Argentinien, Bolivien, Peru, Ecuador, Kolumbien und Venezuela – wurden wir freundlich empfangen und konnten Besichtigungen und Interviews durchführen. Wir besprachen Ansätze für städtische Selbstorganisation mit den Aktivist*innen. Die Beispiele aus Südamerika vermitteln Erfahrungen zu Fragen, die sich auch für uns stellen. Sind die Übernahme von Selbstverantwortung in Ergänzung staatlicher Daseinsvorsorge, die Delegation von Entscheidungsmacht an aktive Bürger*innen, die Wieder-Aneignung des öffentlichen Raumes, die Produktion von Gemeingütern in sozialer Orientierung auch ein Modell für deutsche Kommunen? 2011. 112 S.

Nahua Script 14

Gegenentwürfe zur globalen Krise – Wuppertaler Süd-Nord Kolloquium

Was macht das Konzept des »Buen Vivir« aus? Gibt es Antworten auf die globale Krise und die Zerstörung der Welt? Können wir Impulse für unsere politische Praxis gewinnen? Was brauchen wir, um unsere Bedürfnisse zu stillen? Wie kann eine Post-Wachstumsgesellschaft aussehen? Können wir mit den Commons eine Antwort auf die scheinbare politische Alternativlosigkeit geben? Ist das Thema der »sozialen Infrastruktur« geeignet, über die beispielhaften »harmonischen Inseln« im Kapitalismus hinaus wirkliche gesellschaftliche Veränderungsprozesse in Gang zu setzen? 2011. 112 S.

Nahua Script 15

Solidarität heute und morgen – Perspektiven gegenseitiger Unterstützung

Warum Solidarität und mit wem? Was sind Formen und Leitbilder im gegenseitigen Austausch, Charakterzüge und Themen der Nicaragua-Solidarität im 21. Jahrhundert? Diese Fragen und Perspektiven der gemeinsamen Zusammenarbeit diskutierten über 100 deutsche Vertreter*innen der Solidaritätsbewegung und Aktivist*innen aus nicaraguanischen Basisbewegungen und Partnerorganisationen auf einer dreitägigen Konferenz in Wuppertal. Die Beiträge zur prekären Situation der Frauen, zu Nicaraguas Wirtschaftspolitik, Freihandelsabkommen mit der EU und den USA, ländliche Entwicklung und Kooperativen sowie über die sozialen und ökologischen Probleme des Agrosprits werden im Script aufgearbeitet. Indem hier die Verhältnisse in Lateinamerika in Zusammenhang mit globalisierten Produktionsweisen gebracht und unsere eigene Rolle innerhalb dieser Prozesse reflektiert wird, wollen wir einen Beitrag zu einer gemeinsamen solidarischen Politik leisten. 2013. 96 S.

INFORMATIONSBÜRO

Das Informationsbüro Nicaragua gehört zu den ältesten Organisationen der Nicaragua-Solidaritätsbewegung. 1978 – während des sandinistischen Befreiungskampfes gegen die Somoza-Diktatur – gegründet, war es eine Art Koordinierungsstelle von den mehr als 300 Nicaragua-Soligruppen in der BRD. Unsere Geschichte war bis in die 1990er Jahre eng verknüpft mit den Konjunkturen der Solidaritätsbewegung zu Mittelamerika und speziell zu Nicaragua.

Heute liegen die Arbeitsschwerpunkte des Infobüros im Bereich der entwicklungspolitischen Bildungs- und Informationsarbeit zu Lateinamerika und in der Zusammenarbeit und Förderung von Basisinitiativen in Nicaragua. Wir geben Publikationen heraus, vermitteln Referent*innen, führen Besuchsreisen mit lateinamerikanischen Gästen durch und organisieren Aktionen und Seminare.

Unser laufendes Bildungsprojekt »Nuevos Horizontes« lässt junge Menschen Lateinamerika anders erfahren. Die Materialien dieser interaktiven und partizipativen Methoden des globalen Lernens zur schulischen und außerschulischen Bildungsarbeit richten sich an Bildungsarbeiter*innen, Lehrer*innen und alle Interessierten. Das Themenspektrum reicht von Geschichte und Klischees, Migration, Wirtschaft und Welthandel bis zu Klimawandel und Umweltkonflikte, Menschenrechte und soziale Kämpfe. Zudem bietet das Infobüro die Ausstellung über-lebens-welten 2.0 an, die Maquila-Arbeiter*innen, Landfrauen und Menschen aus der Überlebensökonomie Nicaraguas sprechen lässt. Mit Ausstellungsveranstaltungen zur politischen Plakatkunst Nicaraguas (2014), Veranstaltungsreihen wie dem Süd-Nord-Kolloquium »Her mit dem guten Leben!« (2011) oder den Lateinamerika Tagen (2010) und den Nicaragua-Konferenzen (2012 und 2015) bringen wir aktuelle inhaltliche Schwerpunkte in den öffentlichen Fokus.

Informationsbüro Nicaragua e.V.
Deweerthstr. 8
42107 Wuppertal
Tel.: 0202-30 00 30
Mail: info@informationsbuero-nicaragua.org
www.informationsbuero-nicaragua.org